LEKTÜRESCHLÜSSEL
FÜR SCHÜLERINNEN UND SCHÜLER

Günter Grass

Im Krebsgang

Von Theodor Pelster

Reclam

Dieser Lektüreschlüssel bezieht sich auf folgende Textausgabe: Günter Grass: *Im Krebsgang. Eine Novelle*. München: Deutscher Taschenbuch Verlag, 2004.

RECLAMS UNIVERSAL-BIBLIOTHEK Nr. 15338

Gesamtherstellung: Reclam, Ditzingen
Printed in Germany 2013

ISBN 978-3-15-015338-3

Auch als E-Book erhältlich

www.reclam.de

Inhalt

1. Erstinformation zum Werk

»[…] am 30. Januar 1945 begann, auf den Tag genau fünfzig Jahre nach der Geburt des Blutzeugen, das auf ihn getaufte Schiff zu sinken und zwölf Jahre nach der Machtergreifung, abermals auf den Tag genau, ein Zeichen des allgemeinen Untergangs zu setzen« (11).
Drei Geschehen, die zeitlich weit auseinander liegen und die auf den ersten Blick nichts miteinander zu tun haben, werden allein deshalb, weil sie sich jeweils »auf den Tag genau« am gleichen Datum – nämlich am 30. Januar – ereigneten, in Beziehung gesetzt.

Der 30. Januar

Im Mittelpunkt steht das »Schiff«: Am 30. Januar 1945 wurde das mit weit mehr als 7000 Menschen beladene Passagierschiff *Wilhelm Gustloff*, das die vor den anrückenden russischen Truppen Flüchtenden über die Ostsee in den Westen Deutschlands bringen sollte, von einem russischen U-Boot torpediert und auf diese Weise versenkt. Dieses Ereignis, bei dem »mehr als fünftausend Menschen den Tod fanden«[1], wird häufig als die »größte Schiffskatastrophe im Zweiten Weltkrieg«[2] und als bitterster Beleg für das Schicksal der am Ende des Kriegs aus den Ostgebieten flüchtenden Deutschen angesehen. Wochen später – am 8. Mai 1945 – kapitulierte die deutsche Wehrmacht bedingungslos und der Krieg war beendet.

1945: Untergang der Gustloff

Wilhelm Gustloff, auf den das Schiff getauft war, wurde am 30. Januar 1895 in Schwerin geboren, war später »Landesgruppenleiter Schweiz der NSDAP« und wurde

1895: Geburt Gustloffs, des »Blutzeugen«

am 4. Februar 1936 von dem jüdischen Medizinstudenten David Frankfurter in Davos erschossen. Die Umstände genügten, ihn zum Märtyrer der nationalsozialistischen Bewegung zu erklären und ihn als Vorbild für Gefolgschaftstreue und Führergehorsam zu empfehlen. Die Schiffstaufe war ein Propagandaakt unter vielen.

1933: »Machtergreifung« Hitlers

Mit der »Machtergreifung«, deren Anfang auf den 30. Januar 1933 terminiert wird, ist die Ernennung Adolf Hitlers zum Reichskanzler gemeint. Hitler und die Nationalsozialisten nutzten die Stellung des Regierungschefs rigoros zum Ausbau der nationalsozialistischen Herrschaft in und über Deutschland. Als »Machtergreifung« wird der Prozess bezeichnet, der Deutschland durch eine Reihe von Gesetzen und Verordnungen in der Zeit vom 30. Januar 1933 bis zum August 1934 in die Diktatur stürzte: »Am 20. August 1934 besaß Hitler die unumschränkte Macht in Deutschland. Als ›Führer und Reichskanzler‹ war er Staatsoberhaupt, Parteichef, Oberster Gerichtsherr und Oberbefehlshaber der Wehrmacht.«[3] So lautet der historische Befund.

Nicht nur die Versenkung der *Gustloff* am 30. Januar 1945, sondern auch die Ernennung Hitlers zum Reichskanzler am 30. Januar 1933 wird in dem zitierten Satz als »Zeichen des allgemeinen Untergangs« angesehen. Da das Elend der Flucht als Folge des Kriegs und letztlich als Konsequenz der Machtpolitik Hitlers zu erklären ist, sind die Anfänge des Untergangs sogar eher in der »Machtergreifung« als in den Fluchtbewegungen der Deutschen zu sehen. Diese Deutung der geschichtlichen Zusammenhänge hat sich spätestens seit der Rede von Bundespräsident Richard von Weizsäcker anlässlich des 40. Jahrestags der deutschen Kapitulation durchgesetzt, in der er unter allgemeinem Beifall sagte: »Wir dürfen den 8. Mai 1945 nicht vom 30. Januar 1933 trennen.«[4]

Der Erzähler von *Im Krebsgang* wird jedoch keine historische Darstellung und keinen Bericht im strengen Sinne des Wortes abliefern; er kündigt vielmehr eine »Novelle« an. Damit wählt er eine literarische Form, in der Ereignisse und Begebenheiten ganz unterschiedlicher Art gestaltet werden. Dem Erzähler einer Novelle wird empfohlen, »das Alltägliche [...] so kurz als möglich abzufertigen«, stattdessen »bey dem Außerordentlichen und Einzigen zu verweilen.[5]« Was aber als außerordentlich und einzig zu gelten hat, darüber entscheidet der Erzähler. Er wird das, was er erlebt und erfahren hat, zu dem in Beziehung setzen, was abstrahiert deutsche Geschichte genannt wird.

Die literarische Formung zur Novelle

2. Inhalt

Im Mittelpunkt der Novelle *Im Krebsgang* steht jene »Katastrophe«, die sich am Ende des Zweiten Weltkriegs in der Ostsee ereignete: Dort wurde am 30. Januar 1945 die *Wilhelm Gustloff* versenkt – ein Passagierschiff mit einer Länge von 208,5 m und einer Breite von 23,5 m, das von den Nationalsozialisten als Urlaubs-Reiseschiff erbaut worden war und später als Fluchtschiff vor den anrückenden russischen Truppen dienen sollte. Eine zweite Katastrophe, die der Erzähler als »privates Unglück« (88) bezeichnet, hat mittelbar mit diesem Ereignis zu tun.

1

Die Geschichte vom Untergang der Gustloff

Als Ich-Erzähler stellt sich ein Journalist vor, der bei mehreren bundesrepublikanischen Zeitungen gearbeitet hat und seit langem gedrängt wird, »diese Geschichte« (7) vom Untergang der *Gustloff* aufzuschreiben. Seit Jahren hat ihn seine Mutter, Ursula Pokriefke, von Kind an »Tulla« (12) genannt, vergeblich gebeten, über das »Unglück« (13) zu berichten. Erst als die lange zurückliegenden Ereignisse von Rechtsradikalen im Internet propagandistisch ausgeschlachtet werden, versucht der Erzähler, unterstützt von einem »Namenlosen«, der über Informationen verfügt und auch Interesse hat, dass die Sache erforscht wird, aber selbst nicht in Erscheinung treten will, herauszufinden, wer unter der Adresse »www.blutzeuge.de« anzutreffen ist und was es mit der »Kameradschaft Schwerin« auf sich hat (8).

Er überwindet sich, die gesamte Geschichte, die »vor

mehr als hundert Jahren […] in der mecklenburgischen Residenzstadt Schwerin« (7) begann, genau zu recherchieren. Zunächst gibt er einen Überblick über die Lebensläufe der Personen, die am engsten mit der Geschichte des Schiffes verknüpft sind.

Lebensläufe: Gustloff, Frankfurter, Marinesko

Er beginnt mit Wilhelm Gustloff, der am 30. Januar 1895 in Schwerin geboren wurde, früh in die Partei der Nationalsozialisten eintrat und in den dreißiger Jahren »Landesgruppenleiter der NSDAP« (10) in der Schweiz wurde. Hier in Davos wird er am 4. Februar 1936 von dem Medizinstudenten David Frankfurter erschossen, der so die von Deutschen an Juden begangenen Grausamkeiten rächen will: »Ich habe geschossen, weil ich Jude bin« (28). Wilhelm Gustloff gilt von nun an als »Blutzeuge der nationalsozialistischen Bewegung« (29), dem zu Ehren Straßen, Plätze, Schulen und das neu erbaute Schiff benannt werden. Das Schiff ist wichtiges Propagandamittel der nationalsozialistischen »Kraft durch Freude«-Bewegung. Es wird am Ende des Zweiten Weltkriegs durch den russischen Kapitän Alexander Marinesko, der 1913 in Odessa geboren wurde, zerstört. Marinesko wird dadurch zum »Helden der baltischen Rotbannerflotte« (14). Die Geschichte der drei historisch bezeugten Personen Gustloff, Frankfurter und Marinesko bildet den äußeren Rahmen der Novelle.

2

Noch einmal betont der Erzähler, dass er am liebsten »die *Gustloff* und ihre verfluchte Geschichte« (31) liegen lassen möchte. Ihn hat schon als Kind genervt, dass »der ewigwährende Untergang« ein beliebtes »Sonntagsthema« (33)

seiner Mutter war, die für die *Gustloff* schwärmte, seit ihre Eltern 1939 an einer Norwegenfahrt mit dem KdF-Schiff teilgenommen hatten. Tulla Pokriefke hält das Schiff in guter Erinnerung, obwohl sie beinahe mit dem Schiff untergegangen wäre. Während der turbulenten Rettungsaktion wurde ihr Sohn Paul geboren, der nun höchst widerwillig erzählt.

Tulla Pokriefke, die Überlebende

Paul, der Erzähler, greift zurück und berichtet vom Prozess in der Schweiz, in dem Frankfurter zu »achtzehn Jahren Zuchthaus« verurteilt wurde, »danach Landesverweis« (47) erhielt, von der triumphalen Überführung der Leiche Wilhelm Gustloffs nach Deutschland und der »Trauerfeier in Schwerins Festhalle« (35), von der Schiffstaufe in Hamburg und von Alexander Marinesko, der vorläufig noch einen »Kommandeurkurs« (53) besucht.

Im Internet verfolgt der Erzähler, wie ein nicht näher genannter Wilhelm mit einem David einen »Internet-Dialog« (49) führt, in dem der Prozess gegen Frankfurter nachgespielt wird. Wilhelm nimmt Partei für Gustloff und beschimpft David als »Itzig«, während David für Frankfurter eintritt und Wilhelm als »Nazischwein« tituliert (49).

»Wilhelm« und »David« im Internet-Dialog

3

Während Frankfurter in Chur in Haft sitzt und Marinesko »das Schiffeversenken übte« (68), läuft die *Gustloff* zunächst zur »Probefahrt« aus, dann zur »Jungfernfahrt« (57) und schließlich zu mehrtägigen Auslandsreisen nach Norwegen, Italien und Madeira.

In allen Einzelheiten beschreibt der Erzähler das Schiff,

das von den Reisenden einst als »ein schwimmendes Erlebnis« (57) gepriesen wurde. Seine Angaben übernimmt er weitgehend aus dem 515 Seiten starken Band »Die *Gustloff*-Katastrophe. Bericht eines Überlebenden«, verfasst von Heinz Schön, der, wie der Erzähler lobt, alles gesammelt und aufgeschrieben hat, »was die *Gustloff* in guten und schlechten Zeiten betraf« (62).

Die Gustloff *– »ein schwimmendes Erlebnis«*

Im Internet wird das Schicksal der *Gustloff* neuerdings von rechtsradikal Gesinnten immer mehr zur »Legende« (63) stilisiert. Zutiefst erschrocken muss der Erzähler feststellen, dass hinter dem Decknamen Wilhelm sein Sohn Konrad steckt.

4

Als der Zweite Weltkrieg ausbricht, wird Frankfurter in eine weiter von der deutschen Grenze entfernte Haftanstalt verlegt und Alexander Marinesko bekommt als Kapitän ein neues U-Boot unterstellt mit zehn Torpedos an Bord. Die *Gustloff* wird »im Verlauf der Nacht vom 24. zum 25. August« (79) 1939 durch Funkspruch von einer Norwegen-Reise zurückbeordert und zum »Lazarettschiff mit fünfhundert Betten umgerüstet« (80). Im November 1940 ist es auch damit vorbei. Die *Gustloff* wird Wohn- und Ausbildungsschiff, eine »schwimmende Kaserne« (84), und liegt in der »Hafenstadt [...] Gotenhafen« ab jetzt »für Jahre fest« (85).

Die Gustloff *– »eine schwimmende Kaserne«*

Im Vorgriff erfährt man, dass sich die Überlebenden der Katastrophe zuerst 1985 und wieder 1995 getroffen haben. Auf dem Treffen vom 28. bis 30. Januar 1995, bei dem es keinen »Unterschied zwischen Ossis und Wessis« mehr gibt, hält Heinz Schön einen Vortrag, der den Anwesenden aber nicht parteiisch genug ist. Frau Pokriefke hatte ihren Sohn Paul überredet, an dem Treffen teilzunehmen; ihren Enkel Konrad bearbeitet sie, »Verkünder der Legende eines Schiffes« (95) zu werden. Konrad zeigt sich bereit.

5

Wie unter Zwang schreibt der Erzähler weiter und nähert sich den kritischen Tagen Ende Januar 1945. Die vorrückenden russischen Truppen sind dabei, »Rache zu nehmen für das von den faschistischen Bestien verwüstete Vaterland« (101); die aus Ostpreußen fliehende Zivilbevölkerung hofft, auf dem Seeweg den russischen Eroberern zu entkommen, und setzt unter anderem auf die *Gustloff*, die inzwischen zum Flüchtlingsschiff umgerüstet ist. Tulla Pokriefke erhält als Schwangere auf dem weit überbesetzten Schiff einen bevorzugten Platz, während die Eltern ins Schiffsinnere verwiesen werden und die Katastrophe nicht überleben.

Die Flucht vor den russischen Eroberern

Als Hitlers Rede – »Heute vor zwölf Jahren, am 30. Januar 1933, [...] hat mir die Vorsehung das Schicksal des deutschen Volkes in die Hand gelegt ...« (119) – durch Lautsprecher auf dem Schiff verbreitet wird, ist »das sowjetische U-Boot S 13« (121) schon ausgelaufen, um die *Gustloff* zu torpedieren.

Die letzte Rundfunkansprache Hitlers

6

Im Januar 1945 »ist der Untergang des Großdeutschen Reiches schon eingeläutet« (123): An allen Frontabschnitten werden die deutschen Truppen zurückgedrängt; die Flucht der Zivilbevölkerung aus dem Osten ist Teil dieses Untergangs; die Zerstörung der *Gustloff* wird zum exemplarischen Ereignis des Kriegsendes.

Auf dem überladenen Schiff sind Matrosen der »Kriegsmarine«, »Marinehelferinnen« (125), »weit über viertausend Säuglinge, Kinder, Jugendliche« (126), verwundete Soldaten und alte Männer und Frauen. Der Kapitän des russischen U-Boots S 13, Alexander Marinesko, bereitet den Angriff sorgfältig vor und gibt um 21.04 Uhr den Befehl, vier Torpedos auf die *Gustloff* abzuschießen. Das getroffene Schiff beginnt zu sinken: »Was aber im Schiffsinneren geschah, ist mit Worten nicht zu fassen« (136).

Die Torpedierung des Schiffs

Frau Pokriefke erinnert sich: »Glaich nachem letzten Bums jingen bai mir die Wehen los …« (138). Paul Pokriefke wird geboren, »jenau als die Justloff absoff« (145).

Jahrzehnte später – nämlich im Jahr 1996 (32) – sind »Wilhelm«, Pauls und Gabis Sohn, und »David«, sein Internet-Partner, Wortführer in einem ihrer Ansicht nach »seit langem überfälligen Diskurs« (149) darüber, wie die Zerstörung der *Gustloff* zu beurteilen sei.

Diskurs zwischen »Wilhelm« und »David«

7

Mutter Pokriefke und ihr Sohn Paul werden am 31. Januar 1945 in Kolberg an Land gebracht. Mitte März geht die Flucht weiter und endet in Schwerin, der Stadt, in der Wilhelm Gustloff einst geboren wurde und in der jetzt Tulla Pokriefke Wohnung und Arbeit findet.

Tulla Pokriefke in Schwerin

Alexander Marinesko versenkt ein weiteres Schiff und ist enttäuscht, dass man ihn bei seiner Rückkehr in den Hafen

Marineskos Enttäuschung

Turku »nicht gebührend als Helden« (154) feiert. Erst Jahre später wird er als »U-Boot-held« anerkannt – »nunmehr im Ruhestand und mit Anspruch auf Pension« (169).

Deutschland wird geteilt; Schwerin gehört zur »sowjetisch besetzten Zone« (164); Denkmal und Ehrenhain und alles, was an Gustloff erinnert, wird, so gut es geht, beseitigt.

David Frankfurter wird im Juni 1945 aus dem Schweizer Gefängnis entlassen; er beabsichtigt, »nach Palästina auszureisen, hoffend auf ein zukünftiges Israel« (159).

Die Auseinandersetzungen zwischen »Wilhelm« und »David« gehen weiter. Sie wollen sich nun auch persönlich kennen lernen und planen ein Treffen für den 20. April 1997 in Schwerin. »David« Stremplin reist aus Karlsruhe an und lässt sich von Konrad Pokriefke durch Schwerin führen. Als »David« »auf das vermooste Fundament« (174) des Gustloff-Gedenksteins spuckt, zieht Konrad die Waffe, schießt »viermal« und erklärt später auf der Polizeiwache: »Ich habe geschossen, weil ich Deutscher bin« (175).

»Wilhelm« erschießt »David«

8

Der Prozess findet »im Schweriner Landgericht vor der großen Jugendstrafkammer« (180) statt; das Urteil lautet auf Totschlag; die Haftstrafe beträgt »sieben Jahre Jugendhaft« (197).

Der Prozess gegen Konrad Pokriefke

Im Prozess tritt Tulla Pokriefke, die Großmutter des Angeklagten, als Zeugin der Verteidigung auf. Konrad selbst steht zu seiner Tat und begründet sein Denken und Handeln in einer langen Rede.

Konrads Eltern machen von ihrem Recht der Aussageverweigerung Gebrauch. Sie suchen durchaus selbstkritisch nach Gründen für Konrads Verhalten und nach eigenen Fehlern in der Erziehung. Die Eltern des Ermordeten, Herr und Frau Stremplin, nehmen über weite Strecken am Prozess teil, geben zu, dass ihr Sohn Wolfgang, der sich den Namen »David« aus Sympathie für die jüdische Sache selbst zugelegt habe, »immer ein Sonderling gewesen« (185) sei; auch sie fragen sich, ob sie in der Erziehung versagt haben.

9

In der Jugendhaftanstalt wird Konrad regelmäßig von Rosi, seiner Freundin, von Tulla Pokriefke, seiner Großmutter, und von seinem Vater besucht. Der Inhaftierte kommt mit seiner Umgebung und mit seiner Situation gut zurecht. Er findet Tischtennis-Freunde und er hat die Möglichkeit, im Fernunterricht das Abitur zu machen. Er scheint sich von seiner Vergangenheit gelöst zu haben, als er ein Modell der *Gustloff*, das er nach Vorlage gebastelt hat, im Beisein seines Vaters zerstört. Der Erzähler ist erleichtert. Als er jedoch kurz darauf im Internet eine Adresse »www.kameradschaft-konrad-pokriefke.de« und die Botschaft »Wir glauben an Dich, […] wir folgen Dir …« findet, stellt er resignierend fest: »Das hört nicht auf. Nie hört das auf« (216).

Konrad in der Haftanstalt

3. Personen

Die erzählte Geschichte, in deren Mittelpunkt der Untergang der *Gustloff* steht, bildet ein »Erzählgewebe aus Fiktion und Wirklichkeit«[6]. Es ist daher nicht verwunderlich, dass eine Reihe von Personen der geschichtlichen Wirklichkeit entstammt. Genauere Informationen über sie sind historischen Darstellungen und Lexika zu entnehmen. In der Novelle bleiben sie bis auf die unmittelbar mit der Geschichte des Schiffs Verbundenen im Hintergrund. Die Hauptpersonen der Novelle sind vom Autor erfunden.

Historisch nachweisbare Personen

Adolf Hitler (1889–1945), seit dem 30. Januar 1933 Reichskanzler, seit 1934 »Führer und Reichskanzler«, ist die in der Zeit von 1933 bis April 1945 alles bestimmende Figur, die in der Novelle im Hintergrund bleibt.

Rudolf Heß (1894–1987) ist bis 1941 sein Stellvertreter.

Hermann Göring (1893–1946) gehört zu den frühen Mitgliedern der NSDAP, wird 1933 Reichsminister für Luftfahrt und 1940 Reichsmarschall.

Joseph Goebbels (1897–1945) war seit 1930 Reichspropagandaleiter der NSDAP und später Reichsminister für Volksaufklärung und Propaganda.

Heinrich Himmler (1900–45), Reichsführer-SS und Reichsinnenminister, von 1939 an »Reichskommissar für die Festigung deutschen Volkstums« und als solcher mit der Aufgabe der Umsiedlungs- und Germanisierungspolitik beauftragt und verantwortlich für die Durchführung des Völkermords.

Ernst Röhm (1887–1934) wurde 1934 wegen eines angeblichen Putschversuchs ermordet, nachdem er vorher zu den ersten Anhängern Hitlers gehört hatte und seit 1930 Stabschef der SA war.

Erich Raeder (1876–1960) war von 1935 an Oberbefehlshaber der Kriegsmarine, seit 1939 Großadmiral. Nach Auseinandersetzungen mit Hitler wurde er von Dönitz abgelöst.

Karl Dönitz (1891–1980) war von 1943 an Oberbefehlshaber der Marine; er wurde in Hitlers Testament zum Reichspräsidenten ernannt und übte das Amt vom 1. bis zum 23. Mai 1945 aus.

Gregor Strasser (1892–1934) trat 1921 der NSDAP bei, gehörte dem linken Flügel der Partei an und galt als Idealist. Nach Auseinandersetzungen mit Hitler wurde er im Zuge des so genannten Röhm-Putsches 1934 ermordet.

Robert Ley (1890–1945) war seit 1933 Leiter der DAF (Deutsche Arbeitsfront), die das Vermögen der Gewerkschaften übernahm und alle Arbeitgeber und Arbeitnehmer in einer Massenorganisation zusammenfasste. Die »NS-Gemeinschaft Kraft durch Freude« war eine Organisation der DAF und hatte die Aufgabe, die Freizeitbeschäftigungen der Arbeiter und Angestellten im Sinne des Nationalsozialismus zu lenken.

Wilhelm Gustloff wird am 30. Januar 1895 im mecklenburgischen Schwerin geboren, beginnt nach der Mittleren Reife eine Banklehre, geht 1917 in die Schweiz, wo er ein Lungenleiden auskurieren soll. In der Schweiz findet er eine Stelle als Observationssekretär am Meteorologischen Institut. Im Jahr 1921 schließt er sich »dem deutschvölkischen

Beitritt zur NSDAP

Schutz- und Trutzbund an«[7]; 1929 tritt er der »Nationalsozialistischen Deutschen Arbeiterpartei« bei und gründet »im September 1930 den ›Stützpunkt Davos der NSDAP‹, ein Jahr später die ›Ortsgruppe Davos‹[8] und wird von Hitler zum ›Landesgruppenleiter Schweiz der NSDAP‹ ernannt«[9]. Sein Treuebekenntnis »Ich liebe auf der Welt am meisten meine Frau und meine Mutter. Wenn mein Führer mir befähle, sie zu töten, würde ich ihm gehorchen« (10) ist bezeugt; es »stand im *Reichsdeutschen*, der Parteizeitung für die Deutschen in der Schweiz«[10].

Wilhelm Gustloff wird in seiner Privatwohnung in Davos am 4. Februar 1936 von dem Medizinstudenten David Frankfurter erschossen. Die Nationalsozialisten organisieren seine Überführung nach Deutschland, die Trauerfeier in Schwerin und stilisieren ihn zum »Blutzeugen der Bewegung« (14). Sie setzen ihm in Schwerin ein Denkmal, benennen Straßen und Plätze nach ihm und taufen das von der »Deutschen Arbeitsfront« in Auftrag gegebene KdF-Schiff auf »den jüngsten Blutzeugen der Bewegung« (41), Wilhelm Gustloff.

Stilisierung zum »Blutzeugen«

David Frankfurter wird »1909 in der serbischen Stadt Daruvar als Sohn eines Rabbiners geboren« (15). Er ist von Geburt an krank, wird sechsjährig zum ersten Mal operiert: »Die Ärzte geben ihm keine hohe Lebenserwartung. Seiner Neigung entsprechend beginnt er 1929 das Studium der Medizin in Wien, geht dann später nach Leipzig, Berlin und Frankfurt.«[11] In Frankfurt sieht er, »wie die Bücher jüdischer Autoren verbrannt« werden, wie man seinen Onkel, einen Rabbiner, mit dem Ruf »Jude, hepp, hepp« verhöhnt und wie sein Ar-

Judenverfolgung

beitsplatz im Labor mit einem »Davidstern« gekennzeichnet wird (16).

Er flieht in die Schweiz, setzt dort das Studium fort und verfällt in eine Depression, durch die »der Gedanke an Selbstmord« (17) in ihm aufkommt. Ein medizinisches Gutachten erklärt später, dass der Selbsterhaltungstrieb ihn vor der Selbsttötung bewahrt habe, dass dieser Trieb »die Kugel [...] auf ein anderes Opfer abgelenkt« (17) habe. Dieses Opfer ist Wilhelm Gustloff.

Mord statt Selbstmord

Der Prozess, der »weit über die Schweiz und Deutschland hinaus Beachtung findet«[12], beginnt am 9. Dezember 1936 in Chur und endet am 14. Dezember. Frankfurter wird des Mordes schuldig gesprochen und mit 18 Jahren Zuchthaus bestraft.

Erst nach dem Ende des Zweiten Weltkriegs, am 1. Januar 1945, wird einem Gnadengesuch entsprochen. Sofort nach seiner Entlassung beschließt Frankfurter, »nach Palästina auszureisen, hoffend auf ein zukünftiges Israel« (159).

Alexander Marinesko wird 1913 »in der Hafenstadt Odessa, am Schwarzen Meer gelegen« (13), geboren. »Seine Mutter stammte aus der Ukraine. Der Vater war Rumäne« (13). In Odessa erlebt »der siebenjährige Alexander« (14), wie sich die Bolschewiken, auch die »Roten« genannt, gegenüber den Menschewiken, den »Weißen«, durchsetzen. In einem Bürgerkrieg besiegen die radikalen Roten, die sich unter Lenin zur »Kommunistischen Partei der Sowjetunion« zusammengeschlossen haben, die innenpolitischen Gegner, aber auch den »Rest der britischen und französischen Interventionstruppen« (14).

Bürgerkrieg in Odessa

Marinesko wird »Mitglied der Jugendorganisation Komsomol« (23), dann Schiffsmaat bei der Handelsmarine, wechselt über zur Kriegsmarine, wird zum U-Boot-Fahrer ausgebildet und zunächst »als Navigationsoffizier einem U-Boot zugeteilt, dem *Sch 306 Pische*« (24); später – in der Stalin-Ära – wird er »Kommandant eines U-Bootes« (53), nimmt an Übungen »für den Ernstfall« (72) teil und bekommt endlich als »Kapitän 3. Grades ein neues Boot unterstellt«, *S 13* (87), von dem aus er die Gustloff torpedieren und versenken wird.

U-Boot-Kommandant

Nicht nur durch seinen Ehrgeiz, sondern auch durch seine Vorliebe für Wodka und seine gelegentlichen Bordellbesuche ist Marinesko charakterisiert. Er glaubte, große Ehrungen erwarten zu können, als er nach der Zerstörung der Gustloff und eines weiteren Transportschiffs den Heimathafen ansteuerte. Doch »Marinesko wurde weder als ›Held der Sowjetunion‹ ausgezeichnet, noch erhielt er den Lenin-Orden«[13]. Nach dem Ende des Zweiten Weltkriegs wird er zunächst degradiert, dann »aus der sowjetischen Marine entlassen« (168), schließlich in ein Straflager nach Sibirien eingewiesen. Erst nach Stalins Tod wird er rehabilitiert (169).

Rehabilitierung

Stalin (eigentlich Jossif Wissarionowitsch Dschugaschwili) (1879–1953) war 30 Jahre lang Erster Sekretär der KPdSU und damit faktisch Staatschef der Sowjetunion.

Walter Ulbricht (1883–1973) war seit 1950 Generalsekretär der SED und lenkte 20 Jahre lang die Geschicke der DDR.

Erich Honecker (1912–94) war der letzte allmächtige Generalsekretär der SED (1971–89).

Andreas Baader (1943–77) und **Ulrike Meinhoff** (1934–1976): zwischen 1968 und 1970 führende Köpfe der terroristischen Rote-Armee-Fraktion (RAF).

Rudi Dutschke (1940–79) war zwischen 1965 und 1970 der führende Theoretiker der außerparlamentarischen Opposition (APO), wurde 1968 auf offener Straße niedergeschossen und starb an den Spätfolgen des Attentats.

Vom Autor erfundene Personen

Die Hauptperson Tulla

Tulla Pokriefke, die Mutter des Erzählers und eine der wenigen Überlebenden der Schiffskatastrophe, darf man zur Hauptperson der erzählten Geschichte erklären. Sie ist eine literarische Figur, die seit der »Danziger Trilogie«, dem Hauptwerk des Autors Günter Grass, existiert, deren Lebenslauf durch mehrere seiner Werke hindurch verfolgt werden kann und nun im *Krebsgang* eine Hauptrolle spielt.

Tullas Kindheit

In *Katz und Maus*, dem zweiten Teil der Trilogie, wird Tulla Pokriefke als »ein Spirkel mit Strichbeinen«[14] vorgestellt. Sie ist das einzige Mädchen in einer Gruppe Jugendlicher, die zu Anfang des Zweiten Weltkriegs ihre Langeweile mit gewagten Tauchübungen auf einem Schiffswrack vertreiben. Tulla, so wird gesagt, »hätte genauso gut ein Junge sein können«[15]. Sie schwimmt hervorragend und stinkt durchgehend nach »Tischlerleim, weil ihr Vater in der Tischlerei ihres Onkels mit Leim zu tun hatte«[16].

In den *Hundejahren*, dem dritten Band der Trilogie, erfährt man genauer: »Tulla Pokriefke wurde am elften Juni neunzehnhundertsiebenundzwanzig geboren«[17]. Ihre Eltern, Erna und August Pokriefke, stammen aus der »Koschneiderei«, einem Gebiet, zu dem »sieben Dörfer«[18] gehören. Ursula Pokriefke, so ihr offizieller Name, kommt in Langfuhr, einem Vorort von Danzig zur Welt. Sie hat zwei ältere Brüder, von denen selten die Rede ist, und einen jüngeren Bruder Konrad, der früh durch ein Badeunglück stirbt. Die Pokriefkes wohnen im Mietshaus des Tischlermeisters Liebenau. Schräg gegenüber wohnt »der Studienrat Oswald Brunies«, der ein Mädchen adoptiert hatte, »das er Jenny nannte«[19] und das später Ballettunterricht erhält. Der Tischlereihof ist ein ideales Spielgelände. Eine besondere Attraktion stellt »Harras, der Hofhund« dar, aus dessen Züchtung der Schäferhund Prinz hervorgeht, der »dem Führer und Reichskanzler anlässlich seines sechsundvierzigsten Geburtstages durch eine Delegation übergeben«[20] wurde.

Über Tullas äußere Erscheinung heißt es: »Überall blau gestoßene Knochen, Muskeln, von keinem Polster Fett behindert, machten Tulla zu einem immer laufenden, springenden, kletternden, insgesamt fliegenden Etwas«.[21] Es ist nicht leicht mit ihr umzugehen: »[...] mehrmals am Tag wurde sie hart, starr und böse«[22]. Man warnt dann: »Dä Tulla zaicht allwedder ainjetäpperte Feneten.«[23]

Tulla und die Männer

Sehr früh macht Tulla junge Männer auf sich aufmerksam. Als sie mit einem Fähnrich auf einer Parkbank erwischt wird, muss sie die Schule verlassen. Der Schulleiterin erklärt sie: »Schmeißen Sie mich nur raus [...]. Mir steht der Laden sowieso bis hier. Am liebsten möchte ich von irgend jemand ein Kind bekommen, damit endlich mal was passiert, hier in Langfuhr und überhaupt.«[24] Bald ist sie schwanger; aber sie weiß nicht von wem. Die »werdende sechzehnjährige Mutter«[25] will ihr Kind nach dem verstorbenen Bruder Konrad nennen. Doch so weit kommt es nicht. Nach einem Sprung von der noch fahrenden Straßenbahn merkt sie: »Das geht ab.«[26] In der Mitte des Jahres 1944 wird Tulla Pokriefke Straßenbahnschaffnerin in Danzig. Das Kriegsende ist abzusehen: »[...] wer eine Nase hat, rennt, schwimmt, schleppt sich ab: vom Ostfeind weg dem Westfeind entgegen«[27]. Unter den Flüchtenden ist Tulla Pokriefke. Über ihr weiteres Schicksal gab es nur Vermutungen: »Es hieß: Sie soll mit der *Gustloff* von Danzig weg und draufgegangen sein.«[28] Diese Ansicht wird im *Krebsgang* revidiert. Tulla Pokriefke ist mit ihrer ganzen Geschichte und ihrem Sohn im Nachkriegsdeutschland angekommen.

Die Flucht

Obwohl »seitdem [...] ein Haufen Zeit bachrunter gegangen« (11) ist, erinnert sich Tulla Pokriefke genau an diese Flucht; sie hatte sich voll Vertrauen auf die *Gustloff* begeben und überlebte den Untergang, bei dem sie ihre Eltern verlor und ihren Sohn gebar.

Als Zehnjährige hatte sie die Jungfernfahrt der *Gustloff* in der Wochenschau gesehen. Die Eltern, Erna und August Pokriefke, hatten 1939 eine Norwegenfahrt mit dem KdF-Schiff gemacht und waren begeistert zurückgekommen. Die Begeisterung hatte sich auf Tulla übertragen, sodass sie, als die Familie auf der Flucht in Gotenhafen-Oxhöft ankam, »ums Verrecken« auf die *Gustloff* wollte, »weil für sie so viele heitere Erinnerungen an eine KdF-Reise [...] mit dem damals weiß schimmernden Motorschiff verbunden waren« (109). Obwohl Tulla Pokriefke nur knapp dem Tod entkommt und unter dramatischen Umständen während der Rettungs-

Tulla und die Gustloff

aktion ihren Sohn zur Welt bringt, bleibt für sie die *Gustloff* das Symbol einer schönen Vergangenheit.

Als die »Überlebenden, Mutter mit Säugling« in Kolberg an Land gebracht werden, ist Tulla »wie auf Kommando von heechste Stelle« weiß geworden (55). Der Weg nach Westen führt sie nach Schwerin, später findet sie eine Wohnung in der Lehmstraße 4, macht eine Tischlerlehre und »roch bald wieder nach Knochenleim« (54).

Tulla in der DDR

Sie arrangiert sich »im Arbeiter-und-Bauern-Staat« (54), wird »SED-Mitglied und ziemlich erfolgreiche Leiterin einer Tischlereibrigade« (67), weint bei »Stalins Tod« (169), behält aber trotzdem ihren eigenständigen Kopf und lässt sich nicht vereinnahmen. Später beim Untergang der DDR passt sie sich wieder den neuen Verhältnissen an und hilft »beim Abwickeln und Privatisieren der VEB Kabelwerke« (90); doch auch jetzt handelt sie nicht aus politischer Überzeugung, sondern eher, weil sie für sich ein »Schnäppchengeschäft« (30) wittert.

Sie hält lockeren Kontakt zu Jenny, die in Berlin-West untergekommen ist, und genießt ab und zu die Freundschaft von Männern, ist aber »nicht für Heirat« (57). Sie bleibt ihren Grundsätzen auch in diesem Punkt treu: Ihr Sohn, der am 30. Januar 1945 geboren wurde, wird nie erfahren, wer sein Vater ist. Wahrscheinlich weiß Tulla es selbst nicht.

Wenn ihr die Erinnerungen an die Vergangenheit zu schaffen machen, bekommt sie ab und zu »ihren Binnichtzuhauseblick«; wer sie kennt, weiß, dass sie dann auf jemanden oder etwas böse ist, wie einst in Langfuhr, als man erklärte: »Tulla macht wieder mal ainjetäpperte Feneten« (169).

Ein besonderes Anliegen ist ihr, die Geschichte der *Gustloff* aufgeschrieben zu wissen. Sie ermöglicht ihrem Sohn ein Studium und gesteht: »Ech leb nur noch dafier, daß main Sohn aines Tages mecht Zeugnis ablegen« (19). Dabei hat sie vor allem die Katastrophe des Untergangs vor Augen. Am Jahrestag des Untergangs legt sie Blumen dort nieder, wo einst das Gustloff-Denkmal stand, aber, wie sie betont, »nich fier den Justloff […]. Nai, fier das Schiff ond all die Kinderchen, die draufjegangen sind damals inne eiskalte See« (91).

Tulla und der Untergang der Gustloff

Erfreut stellt sie fest, dass sich ihr Enkel Konrad für die Geschichte der *Gustloff* interessiert. So hat sich in den Augen der Großmutter gelohnt, dass sie ihrem Enkel einen Computer geschenkt hat; denn der sucht nun im Internet nach Informationen über das Unglücksschiff. Zu ihrem Sohn, dem Erzähler, hat Tulla Pokriefke ein gespanntes Verhältnis. Sie ist enttäuscht, dass er sich so lange weigert, die Geschichte der *Gustloff* zu schreiben. Der Sohn distanziert sich von der Mutter und ihren Anschauungen. Er hasst sie von dem Augenblick an, in dem er bemerkt, dass seine Mutter seinen Sohn manipuliert und so an dessen Verirrungen Schuld trägt.

Paul Pokriefke, der Ich-Erzähler, ist am 30. Januar 1945 während der Rettungsaktionen der *Gustloff* als Sohn von Ursula Pokriefke, genannt Tulla, geboren. Ungesichert ist, ob er auf dem sinkenden Schiff oder auf dem rettenden Beiboot *Löwe* zu Welt kam. Er ist einer der wenigen Säuglinge, die bei der Katastrophe gerettet wurden.

Paul wächst in Schwerin auf, verlässt »kurz vorm Mauerbau« (18), also 1961, mit sechzehneinhalb Jahren die DDR und kommt bei Mutters ehemaliger Schulfreundin Jenny (18) in Westberlin unter. Tante Jenny verwöhnt ihn; seine Mutter kann ihm nur heimlich schreiben, da sie offiziell den Kontakt mit dem »Republikflüchtling« (19) aufgeben muss; von seinem mutmaßlichen Vater Harry Liebenau wird er finanziell unterstützt.

Kindheit

Nach dem Abitur beginnt Paul ein Studium der Germanistik und Publizistik, gibt »Anfang siebenundsiebzig« (20) das Studium auf, arbeitet als Pressevolontär, dann als Journalist bei unterschiedlichen Zeitungen – mal »freiberuflich«, mal als »Söldner von Nachrichtenagenturen« (7). Er betrachtet seinen Beruf als Möglichkeit des Broterwerbs; auf eine politische Richtung lässt er sich nicht festlegen, doch hält er es für seine Pflicht, allen Ansätzen von Rechtsextremismus entgegenzutreten.

Studium und Beruf

Eine Zeit lang ist er mit Gabriele verheiratet, mit der er den gemeinsamen Sohn Konrad hat. Doch als die zehn Jahre jüngere Frau Gabi zielstrebig zur Gymnasiallehrerin aufsteigt, er aber auf der Stelle tritt, zieht sich Gabi nach Westdeutschland zurück und er bleibt in Berlin in der »Kreuzberger Altbauwohnung mit Ofenheizung« (43). Die Scheidung folgt bald.

Familiengründung und Scheidung

Seinen Sohn sieht er nur »besuchsweise, also selten und unregelmäßig« (44). Als Konrad 1989 nach der Maueröffnung »seine Oma Tulla« in Schwerin besucht, findet der Vater das ganz normal, bis er erfährt, dass Tulla Pokriefke ihren Enkel »mit der Story vom ewigsinkenden Schiff« vertraut macht und »große Hoffnung auf ›Konradchen‹, wie Mutter sagte«, setzt (44). Die Nachforschungen, die Konrad mit Hilfe des von Tulla geschenkten Computers anstellt, lassen ihn ins rechtsextreme Lager abdriften.

Vatersorgen

Paul Pokriefke erschrickt ordentlich, als er erkennen muss, dass rechtsextrem gefärbte Botschaften – »mehr zum Lachen als zum Kotzen« (8) –, die er auf seiner Homepage vorfindet, von seinem Sohn stammen.

Nun beginnt der Journalist die Geschichte der *Gustloff* von Anfang bis Ende zu recherchieren. Ihm liegt vordringlich daran, den Stoff den Rechtsextremen aus der Hand zu nehmen. Zwar fühlt er sich nach wie vor von seiner Mutter gedrängt und von einem »Alten [...], der sich müdegeschrieben hat« (99) und hinter dem mühelos der Autor Günter Grass zu erkennen ist, doch das eigentliche Motiv ist, gefährliche Fehldeutungen zurückzuweisen. Er sucht die Auseinandersetzung mit seinem Sohn, muss sich jedoch eingestehen, dass er ihn nicht retten kann. Resignierend zieht er als Ich-Erzähler im letzten Satz der Novelle das Resümee: »Das hört nicht auf. Nie hört das auf« (216).

Resignation

Konrad Pokriefke ist der Sohn von Paul und Gabriele Pokriefke und der Enkel von Ursula = Tulla Pokriefke. Er wird 1980 in Berlin geboren, erhält in Anlehnung an den früh verstorbenen Bruder der Großmutter den Namen Konrad, geht nach der Trennung der Eltern mit seiner Mutter, die vom Erzähler als etwas »linkslastig« (117) charakterisiert wird, nach Mölln und nimmt dort Kontakt zur rechten Szene auf. Nach der Wiedervereinigung Deutschlands zieht er zu seiner Großmutter nach Schwerin, sucht auch hier Kontakte zu rechtsextremen Gruppen und setzt sich dafür ein, das

Kontakt zu Rechtsradikalen

zu DDR-Zeiten beseitigte Denkmal für Wilhelm Gustloff wiederherzustellen.

Anlagen und Fähigkeiten

Konrad gilt »als hochbegabt und überaus sensibel« (44); seine Leistungen in der Schule sind gut; dem Vater erscheint er ab und zu »altklug« (44). Auf die Frage des Vaters, »was ihm [...] schwerpunktmäßig wichtig sei« (75), antwortet er: »Ich betreibe historische Studien« (76). Die Informationen holt er aus dem Internet. Er ist durchaus in der Lage, daraus Vorträge zu machen. Später im Prozess redet er lang und breit, mit und ohne Notizzettel, zu seiner Verteidigung. Zu bedenken ist, dass er zu diesem Zeitpunkt noch Schüler und gerade siebzehn Jahre alt ist.

Nutzung des Internets

Die historischen Studien, die Konrad Pokriefke zu betreiben vorgibt, sind besonderer Art. Er ruft nicht nur Informationen aus dem Internet ab, sondern er gestaltet auch eine eigene Homepage unter der Deckadresse »www.blutzeuge.de« (18). Dort verkündet er eines Tages: »Es ist meine liebe Großmutter, der ich im Namen der Kameradschaft Schwerin [...] geschworen habe, die Wahrheit, nichts als die Wahrheit zu bezeugen: Es ist das Weltjudentum, das uns Deutsche für alle Zeit und Ewigkeit an den Pranger ketten will ...« (74). Statt der angekündigten Wahrheit erscheinen auf seiner Homepage rechtsextreme Parolen und ideologisch durchsetzte Geschichtsdeutungen. Bevorzugte Themenfelder sind die Machtergreifung Hitlers am 30. Januar 1933, der Untergang der *Gustloff* und die Tötung Wilhelm Gustloffs durch David Frankfurter am 4. Februar 1936.

Konrad Pokriefke gehört nicht zu den gewalttätigen Skins und ist auch kein Glatzkopf. Aber schon durch seinen Schwur gibt er sich als Neonazi zu erkennen. Neonazistische und rechtsextreme Positionen vertritt er auch unter dem Absendernamen »Wilhelm« seinem Chat-Partner »David« gegenüber. Was als »Internet-Dialog« (49), als »Disput« (47) und »Rollenspiel« (49) beginnt, führt zum »bitterernst« und »verbissen« ausgetragenen »Streit« (48), in dessen Konsequenz Wilhelm, der die deutsche Sache zu vertreten vorgibt, Wolfgang Stremplin, der als David die Rolle des Juden angenommen hat, erschießt. Begründung: »Ich habe geschossen, weil ich Deutscher bin – und weil aus David der ewige Jude sprach« (189).

Der Neonazi und sein Chat-Partner

Konrad wird zu sieben Jahren Jugendhaft verurteilt. Er akzeptiert das Urteil. Eine Gesinnungsänderung ist nicht festzustellen. Im Gegenteil: Dem Richter gegenüber erklärt er: »Dem Blutzeugen verdanke ich meine innere Haltung. Ihn zu rächen war mir heilige Pflicht!« (195). In der Haftanstalt baut er zuerst ein Modell der *Gustloff* nach, zerstört es später und scheint sich, wie der Vater erleichtert glaubt feststellen zu können, mehr dem Tischtennisspiel und dem bevorstehenden Abitur als ideologisch geprägten Gedankenspielen zu widmen.

Außerhalb der Gefängnismauern hat Konrad jedoch schon Nachfolger gefunden. Unter »www.kameradschaft-konrad-pokriefke.de« teilen sie mit: »Wir glauben an Dich, wir warten auf Dich, wir folgen Dir …« (216). Daher die Furcht des Erzählers: »Das hört nicht auf« (216).

Die neue »Kameradschaft«

Gabriele, »von jedermann Gabi genannt« (42), ist die Mutter Konrads. Paul Pokriefke hat »die zukünftige Pädagogin«

geheiratet, als sie, wie er sagt, »eindeutig von mir schwanger war« (42). Gabi hatte »was Mitreißendes« (42), absolvierte ihr Studium zügig und war bald »Gymnasiallehrerin und beamtet« (43). Dann aber – »keine sieben Jahre dauerte der anstrengende Spaß« (43) – trennen sich beide und Gabi zieht mit Konrad nach Mölln. Die »Scheidung« (187) folgt.

Beruf und Familie

Als Pädagogin tritt sie »für freie Willensbildung und offene Diskussion« ein, verbindet einen liberalen und toleranten Erziehungsstil mit einer »Dauerbelehrung«, die der Erzähler als »linkslastig« empfindet (117), und lässt Konrad seinen Weg gehen, wenn er von ihr weg zu seiner Großmutter ziehen will.

Die Pädagogin

Während des Prozesses argumentiert sie weniger als Mutter und mehr als Lehrerin. Später besucht sie ihren Sohn eher selten, da sie »meistens durch ihren ›Gewerkschaftskram‹ verhindert« ist und sich »ehrenamtlich in der Sparte ›Erziehung und Wissenschaft‹ aufreibt« (203). Theoretisch scheint sie den Aufgaben einer Erzieherin voll gewachsen zu sein. Trotzdem sagt sich ihr Sohn Paul während der Haftzeit von ihr als Mutter los.

Rosi ist Zahnarzthelferin und Konrads Freundin. Sie wohnt in Ratzeburg und verspricht Konrad, ihn »gerne und so oft wie möglich zu besuchen« (117), wenn er zu seiner Großmutter nach Schwerin zieht. Später besucht sie ihn »ziemlich regelmäßig« in der Haftanstalt – »bald nicht mehr verweint« (203).

Eine treue Freundin

Während Konrads Mutter davon überzeugt ist, dass in ihrem Sohn »bis in die letzten Gedanken hinein, alles gründlich verdorben ist« (213), versichert Rosi: »Ich werde immer an das Gute in Konny glauben [...]. Nicht er, die Welt ist böse« (214).

Wolfgang Stremplin, einen achtzehnjährigen Gymnasiasten aus Karlsruhe (172), lernt der Leser zunächst unter dem Namen »David« als Chat-Partner Konrads bzw. »Wilhelms« kennen. Wenn »Wilhelm« in seinen Botschaften verbreitet, was Deutschland damals alles »dem Führer zu verdanken« hatte, hält »David« dagegen, dass schon 1933 »jüdische Ärzte und Patienten aus Krankenhäusern und Kurorten vertrieben worden seien« (48). Wolfgang ist als »David« der Antipode zu Konrad, der sich »Wilhelm« nennt. In ihnen wiederholt sich die Gegnerschaft von David Frankfurter und Wilhelm Gustloff.

Der Chat-Partner »David«

Als die im virtuellen Raum Streitenden vereinbaren, sich persönlich treffen zu wollen und dazu Schwerin als Ort und den »20. April 1997« (171) – Adolf Hitlers Geburtstag – aussuchen, ahnt man noch nicht, dass der Streit dahingehend ausartet, dass Konrad David erschießt, nachdem dieser David »dreimal auf das vermooste Fundament gespuckt« (174) hatte, auf dem einst der Gedenkstein für Wilhelm Gustloff stand.

Streit und Tod

Anlässlich des Prozesses wird bekannt, dass Wolfgang Stremplin nichtjüdischer Herkunft war, sich »den Vornamen David auferlegt« habe, weil ihm »alles Jüdische heilig gewesen sei« (185). Vater Stremplin, »in einem nuklearen Forschungszentrum« (185) tätig, stammt »aus einem württembergischen Pfarrhaus«, Mutter Stremplin aus einer »im Badischen ansässigen Bauernfamilie« (181). Für ihren Sohn sei der Computer sein »Einundalles« (185) gewesen. Er habe »diesen David Frankfurter verehrt« (186) – als einen David, der einem Goliath entgegen getreten sei. Für sie, die Eltern, ist Wolfgang »immer ein Sonderling gewesen« (185).

Ein »Sonderling«?

Die Personenkonstellation

Die Erzählergegenwart

Der Alte	**Tulla Pokriefke** Überlebende der Gustloff-Katastrophe Mutter von Paul Pokriefke Großmutter von Konrad Pokriefke	
Paul Pokriefke Ich-Erzähler	**Gabriele** Pauls Frau und Konrads Mutter Pädagogin Lehrerin in Mölln	
Rosi Konrads Freundin	**Konrad Pokriefke** erschießt »David«	**Wolfgang Stremplin** als »David« Chat-Partner in Karlsruhe

Die erzählte Geschichte des Schiffs

Vorfeld:	**Frankfurter** erschießt Gustloff	**Gustloff** wird zum »Blutzeugen« erklärt	**Marinesko** gibt Befehl zur Torpedierung
Bau- und Glanzzeit:	**Dr. Ley**	**Frau Gustloff**	

Untergang am 30. Januar 1945:

Kapitäne

Ärzte

Tulla Pokriefke
gerettet

Paul Pokriefke
geboren

4. Die Struktur

Der Ich-Erzähler

»Noch haben die Wörter Schwierigkeiten mit mir« (7) gesteht ein vorläufig noch unbekannter Ich-Erzähler im ersten Satz des zweiten Abschnitts der Novelle. Er zögert und sträubt sich zu beginnen. Anders als in anderen Ich-Erzählungen begründet der Erzähler also nicht, weshalb er schreibt, sondern er versucht zu erklären, weshalb er bisher nicht geschrieben hat und jetzt nicht schreiben möchte. Die Stichwörter »Mutter«, »Schrei überm Wasser«, »Wahrheit« und »jetzt erst« (7) sind als Begründungen kaum verständlich; sie belegen nur, dass der Erzähler zumindest ebenso viel Schwierigkeiten mit den Wörtern hat wie diese mit ihm.

Schreibhemmungen

Doch scheinen die Formulierungsprobleme nicht einmal die größten Hemmnisse zu sein. »Wenn ich jetzt beginnen muß, mich selber abzuwickeln«, erläutert der Erzähler, »wird alles, was mir schiefgegangen ist, dem Untergang eines Schiffes eingeschrieben sein« (7). Der hier spricht, sieht sich einem Zwang zum Schreiben ausgesetzt; aber er weiß, dass er damit das Risiko auf sich nimmt, sich selbst zu belasten. »Abwickeln« ist ein Wort aus dem Sprachgebrauch der Wirtschaft und Politik, das im Prozess der Wiedervereinigung Deutschlands eine Rolle spielte und den Prozess beschrieb, in dem volkseigene Betriebe der DDR aufgelöst wurden. Wer sich selbst abwickelt, gibt zu, dass ihm etwas »schiefgegangen« (7) ist, dass er versagt hat. Unter Umständen sucht er nach Gründen; vor allem aber ist er um Neuorientierung bemüht.

Jeder Ich-Erzähler gibt sich als Teil der dargestellten Welt zu erkennen. Er teilt mit, wer er ist, was er denkt und was er erlebt und erfahren hat. Er berichtet von seinem Standpunkt aus, und er legt die Perspektive an, die er auf Grund seiner Welterfahrung gewonnen hat. Erzählgegenstand ist hier der »Untergang eines Schiffes« (7). Deutlich ist aber schon zu Beginn der Erzählung, dass dieser Erzählgegenstand in besonderer Weise mit dem Leben und Schicksal des Erzählers verknüpft ist.

Standpunkt und Perspektive des Erzählers

Äußerlich ist die Novelle in neun Kapitel eingeteilt; sie hat einen Umfang von 216 Seiten – eine Länge, die eher einem Roman als einer Novelle zusteht. Doch ist der Umfang eines Werks ein eher nebensächliches Kriterium für die Zuordnung eines literarischen Textes zu einer Textsorte oder poetischen Gattung. Insofern ist die Textklassifikation »Eine Novelle« ernst zu nehmen und fordert zu einer genaueren Untersuchung heraus (s. S. 52).

Äußere Form

Inhaltlich hat es der Leser bei dem umfangreichen Text mit zwei großen Handlungssträngen zu tun, die auf unterschiedliche Weise verknüpft sind.

Zwei Handlungsstränge

Im Mittelpunkt des ersten Handlungsstrangs stehen der Erzähler und die näheren Umstände des Erzählvorgangs.

Der Erzähler Paul Pokriefke trifft »Ende Januar sechsundneunzig« im Internet eher zufällig auf »die rechtsradikale Stormfront-Homepage«, dann »auf einige *Gustloff*-Bezüglichkeiten« und schließlich auf die »Website www.blutzeuge.de« (32). Ihn interessiert, wer da über das Schiff und dessen Namenspatron Informationen liefert, beteiligt sich selbst an dem Internet-Ge-

Erster Strang: Der Erzähler und seine Konfrontationen

spräch, bemerkt, dass hier ideologiegetränkte Deutungen weitergegeben werden, und beginnt selbst, Unterlagen für eine sachliche und wahrheitsgemäße Darstellung des Gesamtkomplexes »Wilhelm Gustloff« zu sammeln. Man erfährt, dass er insofern schicksalhaft mit dem Schiff verbunden ist, als er in der Nacht des 30. Januar 1945 auf dem Rettungsschiff geboren wurde, auf das man seine Mutter gebracht hatte, während die *Gustloff* sank. Das gibt Anlass, in Rückwendungen die eigene Lebensgeschichte und die seiner Mutter mitzuteilen. Im Laufe seiner Recherchen über das Schiff bemerkt er dann, dass hinter der Homepage »www.blutzeuge.de« sein eigener Sohn steckt. Er verfolgt, wie hier eine Auseinandersetzung mit einem ideologisch anders ausgerichteten David stattfindet, die am 20. April 1997 zu jenem Konflikt führt, in dem Konrad, der Sohn des Erzählers, zum Mörder wird. Während der Haft versucht der Vater ein neues Verhältnis zu seinem Sohn aufzubauen. Ob das auf Dauer gelingt, bleibt offen. Die Mordtat des Sohnes ist eine weitere schicksalhafte Belastung der Familie und ein »privates Unglück« (88) für den Vater.

Zweiter Strang: Die Geschichte der Gustloff

Der zweite große Handlungsstrang hat seinen Höhepunkt in der Darstellung der Katastrophe vom 30. Januar 1945, dem »Tag des fortlebenden Unglücks« (11). Die ganze »Geschichte« der *Gustloff*, so meint der Erzähler, »fing [...] vor mehr als hundert Jahren an« (7). Zu der Geschichte gehören nicht nur der Bericht über die Planung und den Bau des Schiffes, der Nachweis über die Verwendungszwecke vom Reiseschiff zum Lazarett-, dann Kasernen- und schließlich Fluchtschiff, sondern auch seine Vor- und Nachgeschichte. Sie ist aber gleichzeitig Vor- und Nachgeschichte der Nazi-Diktatur. Als Eckpunkte des

Regimes sind die »Machtergreifung« Hitlers am 30. Januar 1933 und die bedingungslose Kapitulation des deutschen Heeres am 8. Mai 1945 anzusehen. Die nationalsozialistische Bewegung begann jedoch schon vor 1933, wie das Wirken Gustloffs in der Schweiz belegt. Im Jahr 1945 war das schreckliche Kapitel der deutschen Geschichte auch keineswegs schon abgeschlossen. Flucht, Vertreibung und die Teilung Deutschlands konnten nur als Folge des verbrecherischen Regimes angesehen werden.

Im Bau und im Untergang der *Gustloff* spiegeln sich Aufstieg und Untergang des Regimes. Im Hintergrund sind die Taten und Untaten vom Ermächtigungsgesetz über die Bücherverbrennung bis zu den unsinnigen Befehlen des »Führers« am Ende des Krieges deutlich gemacht. Im Blickpunkt – als unübersehbare Metapher – bleibt immer das Schiff. Planung, Bau, Einsatz und Zerstörung des Schiffs können als Allegorie aufgefasst werden, in der bildhaft Aufstieg und Untergang des sogenannten Dritten Reiches abgehandelt werden.

Da jedoch immer Menschen die Handelnden und Leidenden, also Täter und Opfer sind, geht der Erzähler den Lebenswegen einzelner Personen nach, so denen von Gustloff, Frankfurter und Marinesko. Von den vielen, die am 30. Januar 1945 auf der *Gustloff* Rettung suchten, werden zwei Personen herausgenommen: Tulla Pokriefke und ihr Sohn Paul, der mehr als fünfzig Jahre später dazu ansetzt, die ganze Geschichte zu erzählen. Tulla Pokriefke schlägt sich durchs Leben. In allen Wirren hält sie den Kopf oben. Politisch blind, weiß sie aus allen Situationen das Beste für sich herauszuholen. Der Erzähler Paul Pokriefke ist durch den Gedanken belastet, dass er »überhaupt nur zufällig lebe« (7). Noch mehr muss ihn später belasten, dass ausgerechnet sein eigener Sohn, verblendet durch eine für überwunden geglaubte Ideologie, zum Mörder wird.

Dieser Mord »am Nachmittag des 20. April 1997« (171) ist der Kontrapunkt zu jenem »Dienstag, dem 4. Februar« (25) 1936, an dem David Frankfurter Wilhelm Gustloff erschoss. Beide Morde gehören zur ganzen Geschichte und machen zusammen mit dem Untergang der *Gustloff* die »Story« (8, 32) aus. Die bange Frage des Erzählers: »Hört das nicht auf? Fängt diese Geschichte immer aufs neue an?« (208) ist nur der Form nach Frage; inhaltlich liest man den Satz als verzweifelten Ausruf oder als Appell.

Die Struktur des Werks

Der Erzählvorgang

Tulla Pokriefke und der »**Alte**« als Antreiber des Erzählers

Paul Pokriefke der Ich-Erzähler

»**Wilhelm**« und »**David**« als beobachtete Diskutanten im Chatroom

Die Geschichte der *Gustloff*

David Frankfurter

Wilhelm Gustloff »Blutzeuge« und Namengeber

Alexander Marinesko der Zerstörer des Schiffs

Planung und Bau des Schiffs
Die Glanzzeit als KdF-Schiff
Der Niedergang als Truppen-Transport-, Lazarett-, Kasernen- und Flüchtlingsschiff
Der Untergang der *Gustloff*
Rettung von Tulla Pokriefke
Geburt von Paul Pokriefke

Die Wiederbelebung des Streits um die *Gustloff*

Wolfgang Stremplin als »David«
Der Tod Davids

Konrad Pokriefke als »Wilhelm«
Die Haftstrafe Wilhelms

»Das hört nicht auf.«

Der historische Hintergrund

30. Januar 1933 Tag der »Machtergreifung«
Ermächtigungsgesetz
Erste Konzentrationslager
»Reichskristallnacht«
»Anschluss Österreichs«
Beginn des Zweiten Weltkriegs
Stalingrad
Selbstmord Hitlers
Konferenz von Potsdam

Geteiltes Deutschland
Wiedervereinigung

5. Wort- und Sacherläuterungen

Der Erzähler ist auf der Suche nach genauen Informationen. Dabei macht er sich in verschiedenen Bereichen kundig und teilt sein Wissen meist detailliert und oft in der passenden Fachsprache mit.

Zum Verständnis des Werks ist nicht erforderlich, die verschiednen U-Boot-Typen unterscheiden zu können. Weder die technischen Details der Schiffe, noch die soldatischen Ränge der Heer- und Schiffsführer, nicht die wechselnden Kapitäne und auch nicht die Frontstädte des Kriegs muss man im Einzelnen kennen, um die geschilderten Zusammenhänge und die Intention des Erzählers und des Autors zu verstehen. Die Erklärungen beschränken sich folglich auf solche Wörter und Sachverhalte, die, wenn sie unbekannt sind, zu Verstehensblockaden führen.

5 **in memoriam:** (lat.) »zur Erinnerung, zum Gedenken an«. Oft gebrauchte Aufschrift auf Grabdenkmälern und Todesanzeigen.

7,9 **Springer-Zeitung:** Als eher rechtsgerichtete Zeitungen aus dem Axel-Springer-Verlag gelten *Bild* und *Die Welt*.

7,10 **»taz«:** linksgerichtete Berliner Tageszeitung.

8,12 **Mac:** Kurzform für Macintosh, Computer-Typ der Firma Apple.

Modem: Wortzusammensetzung aus Modulator und Demodulator. Gerät zur Datenübertragung über die Telefonleitung.

8,15 **Browser:** ein Programm, mit dem man Informationen aus dem World Wide Web (www) des Internets auffindet.

Hyperlink: Verbindung zu oder Verweis auf gespeicherte Dokumente.

8,17 **Mausklick:** Handhabung, durch die der Zugriff auf Schaltflächen oder Adressen erfolgt.

8,18 **Chatroom:** (engl.) *to chat* ›schnattern, quatschen‹: schriftlich geführte Unterhaltung zwischen zwei oder mehreren Partnern. Die Chat-Partner verstehen sich als Gruppe, die sich in einem virtuellen Raum trifft, wobei der Einzelne anonym bleiben und sich einen Phantasienamen zulegen kann.

8,19 **Junk-Mail:** unerwünschte Werbung und Informationen, die in den elektronischen »Briefkasten« geworfen werden.

8,21 **Homepages:** Eingangs- oder Hauptseiten einer Website.

9,9 **Website:** Web-Bereich. Ein Ort im World Wide Web, an dem sich mehrere Webseiten zum gleichen Thema befinden.

9,13 **Hans Castorp:** Person aus Thomas Manns Roman *Der Zauberberg*. Hans Castorp, der sieben Jahre Patient im Lungensanatorium in Davos war, wird am Ende des Romans in den Ersten Weltkrieg entlassen.

9,24f. **Observatorium:** wissenschaftliches Institut zur Beobachtung astronomischer, geophysikalischer oder meteorologischer Vorgänge.

10,12 **Ortsgruppen:** Gebietseinheiten innerhalb der Organisation der NSDAP. Eine Ortsgruppe bestand aus mindestens 50, höchstens 500 Parteimitgliedern. Die Ortsgruppe war in Blocks und Zellen aufgeteilt. Der Ortsgruppenleiter war für die politische Zuverlässigkeit der Gruppe verantwortlich.

10,20 **Röhmputsch:** die offizielle Bezeichnung für die von Hitler veranlasste Ermordung des Stabschefs der SA, Ernst Röhm, und anderer SA-Führer im Jahr 1934.

11,6 **Chattern:** Chat-Partner. Personen, die im Chatroom miteinander chatten, also kommunizieren, d. h. wörtlich: »schnattern«.

11,8 **Usern:** (engl.) *to use* ›gebrauchen, verwenden‹. Anwender, Benutzer.

12,3 **Koschneiderei:** Landschaft östlich von Danzig.

12,4 **Langfuhr:** Vorort von Danzig. Schauplatz weiter Teile der »Danziger Trilogie«.

12,30 **Torpedoboot:** kleines, schnelles Kriegsschiff, dessen Hauptwaffe Unterwassergeschosse, also Torpedos sind.

13,5 **U-Boot:** ein zum Tauchen und zur Unterwasserfahrt geeignetes Kriegsschiff, dessen Hauptaufgaben der Torpedoangriff und das Legen von Minen sind.

14,5–8 **der »Weißen« und ... der »Roten«:** Bezeichnung für die Bolschewiken und Menschewiken. Im Laufe der russischen Revolution setzten sich die »roten« Bolschewiken unter Lenin gegen die »weißen« Menschewiken durch.

16,5 **Physikum:** Zwischenprüfung für Medizinstudenten.

16,19 **Davidstern:** Der Davidstern wurde von den Juden seit biblischen Zeiten als religiöses und staatliches Symbol verehrt. Die Nationalsozialisten veranlassten, dass alle Juden ab dem 6. Lebensjahr den gelben Stern sichtbar tragen mussten. Ziel war, die Juden als minderwertig und rechtlos zu deklassieren.

18,9f. **Publizistik am Otto-Suhr-Institut:** Das der Freien Universität zugeordnete Institut befindet sich in Berlin-Dahlem, ist nach dem sozialdemokratischen Politiker Otto Suhr (1894–1957) benannt und forscht im Bereich Politik und Öffentlichkeitsarbeit.

18,23 **Tutu:** Tüllröckchen für Balletttänzerinnen.

18,31 **Figurinen:** kleine antike Statuen.

19,11 **Kassiber:** (jidd.) heimliche Briefbotschaft in und aus dem Gefängnis.

23,31 **Komsomol:** kommunistischer Jugendverband, der alle Jugendlichen vom 14. bis zum 26. Lebensjahr in der Sowjetunion umfasste.

27,9f. **Ehrendolch der SA:** die SA (»Sturmabteilung«) war eine 1921 gebildete militärisch organisierte und uniformierte Kampf- und Schutztruppe der NSDAP, die eine wesentliche Rolle im Kampf um die Erringung der Macht spielte.

30,2 **TU:** Technische Universität in Berlin.

30,9f. **creative writing:** Schreibkonzept, das nicht festen Handwerksregeln, sondern schöpferischen Impulsen folgt.

31,12 **Halstuch und Blauhemd:** Erkennungszeichen der FDJ. Die Freie Deutsche Jugend war die einzige zugelassene Jugendorganisation der DDR und bezeichnete sich selbst als sozialistische Massenorganisation.

31,25 **Revanchist:** jemand, der auf Revanche, also Rache sinnt; in der kommunistischen Terminologie Bezeichnung für die Gegner der Sowjetisierung Osteuropas.

33,4 **Freistaat:** Der Freistaat Danzig existierte vom 10. Januar 1920 bis zum 1. September 1939, dem Beginn des Zweiten Weltkriegs.

34,20 **Hakenkreuzfahne:** Das Hakenkreuz war seit 1920 das Kennzeichen der NSDAP. Die Hakenkreuzfahne wurde ein wichtiges Mittel zur Massenbeeinflussung. Am 15. September 1935 wurde sie zur Reichs- und Nationalflagge.

36,6 **Frontsoldaten:** Ehrenhafte Bezeichnung für solche Soldaten, die im Ersten Weltkrieg an einer Kampfhandlung teilgenommen hatten.

37,9 **Jünger:** Ernst Jünger (1895–1998) nahm als Kriegsfreiwilliger am Ersten Weltkrieg teil und verarbeitete seine Erlebnisse literarisch in dem Buch *In Stahlgewittern. Aus dem Tagebuch eines Stoßtruppführers* (1920).

37,16f. **Alter Kämpfer:** Mitglied der NSDAP aus der Frühzeit der Partei.

40,9 **Faschismus:** abgeleitet von ital. *fascio* ›Rutenbündel‹. Sammelbezeichnung für extrem rechtsgerichtete, nationalistisch und diktatorisch ausgerichtete Regimes.

41,14 **Zwangsarisierung:** Bezeichnung für die Enteignung der Juden und die Überführung ihres Eigentums in arischen, also nichtjüdischen Besitz.

42,32–43,1 **Mutlangen, Pershing-2-Raketen und Sitzblockaden:** Stationen und Methoden der Friedensbewegungen, die sich in den 80er Jahren vor allem gegen die amerikanische und westliche Hochrüstung richteten.

44,26 **Trabi:** Trabant: Automodell der DDR.

46,19 **»Völkischen Beobachter« (VB):** Der *Völkische Beobachter* trug als Untertitel »Kampfblatt der nationalsozialistischen Bewegung Großdeutschlands« und war die Parteizeitung der NSDAP.

48,19 **Führerzitate aus »Mein Kampf«:** *Mein Kampf* ist der Titel des Buchs, in dem Hitler seine Welt- und Lebensanschauung darlegte. Der 1. Teil entstand 1924 während seiner Festungshaft (s. Anm. 51), der 2. Teil erschien 1927.

51,13 **über die Toppen geflaggt:** Fahnen bis über die oberen Masten (Toppen) gesetzt.

51,23 **Marsch zur Feldherrnhalle ... Landsberger Festungshaft:** Am 8. und 9. November 1923 war ein Putschversuch Hitlers in München gescheitert. Hitler wurde zu fünf Jahren Festungshaft verurteilt, im Dezember 1924 aber frühzeitig entlassen. Während der Haft verfasste er den ersten Teil von *Mein Kampf* (s. Anm. 48).

54,22 **Krippe:** genauer: Kinderkrippe. Einrichtung der DDR, die der Aufsicht des Gesundheitsministeriums unterstand und in denen Kinder bis zu drei Jahren betreut wurden.

56,28 **Volkspolizei:** Die Deutsche Volkspolizei war im Selbstverständnis der DDR ein Organ der sozialistischen Staatsmacht mit polizeilichen, aber auch militärischen Aufgaben.

58,2 **Ostmark:** germanisierende Bezeichnung für Österreich.

61,27 **Zahlmeisterassistent:** Hilfskraft des Zahlmeisters. Zahlmeister ist ein Militärbeamter, der für die Geschäfte der Heeresverwaltung zuständig ist.

65,4 **Plutokraten:** Plutokratie: Geldherrschaft. Staatsform, bei der Reichtum für die Auswahl der Machthaber bestimmend ist.

66,8 **Kaldaunen:** Kutteln, essbares Rindsgekröse.

67,11 **SED-Mitglied:** Die Sozialistische Einheitspartei Deutschlands (SED) entstand aus dem 1946 erzwungenen Zusammenschluss der SPD und der KPD in der sowjetisch besetzten Zone und in Ostberlin, wurde zur Staatspartei und verstand sich als die von allen anerkannte führende Kraft bei der Verwirklichung des Sozialismus. Mitglieder wurden als Genosse und Genossin angeredet.

67,12 **Tischlereibrigade:** Als Brigade wurde in der DDR ein aus mehreren Arbeitern bestehendes Kollektiv bezeichnet, das nach produktionstechnischen Gesichtspunkten zusammengefasst war. Die Tischlereibrigade ist ein »volkseigener Betrieb«, der nach der Wende privatisiert, also »abgewickelt« wurde.

71,6 f. **Bürgerkrieg ... Falange ... General Franco:** Hinweise auf den Spanischen Bürgerkrieg (1936–39), in dem Faschisten und Sozialisten mit auf beiden Seiten internationaler Beteiligung kämpften; als Sieger ging Franco mit seiner faschistischen Staatspartei (Falange) hervor.

77,10 **»Hundejahre«:** Roman von Günter Grass: der dritte Teil der »Danziger Trilogie«.

79,4 **Per Henrik Ling:** schwedischer Dichter (1776–1839) und Begründer des schwedischen Turnens.

79,7 **Arbeitsdienst:** Der Reichsarbeitsdienst war seit 1935 eine staatliche Einrichtung, durch die alle Jugendlichen ab 18 Jahren zu einem sechs Monate dauernden Arbeitseinsatz verpflichtet wurden.

80,22 **Westerplatte in Danzig-Neufahrwasser:** Auf der Westerplatte unterhielt Polen ein Munitionslager. Mit Beschießung der polnischen Befestigung begann am 1. September 1939 der Zweite Weltkrieg.

81,11 **Hitler-Stalin-Pakt:** Nichtangriffspakt, der im August 1939 zwischen Deutschland und der Sowjetunion abgeschlossen wurde. Er wurde im Juni 1941 von Deutschland gebrochen, das die Sowjetunion ohne Kriegserklärung überfiel.

85,29 **Ufa:** Universum-Film AG.

99,18 **Nemmersdorf:** Ort in Ostpreußen, der von russischen Truppen erobert und dann von deutschen Truppen für kurze Zeit zurückerobert wurde. In der Wochenschau wurde verbreitet, wie sich russische Soldaten an der deutschen Zivilbevölkerung gerächt hatten.

101,21 f. **Ilja Ehrenburg:** russischer Schriftsteller (1891–1967), der 1921 nach Paris emigrierte, dann 1940 nach Moskau zurückkehrte. Er verfasste Aufrufe an die russischen Truppen, hemmungslos Rache an den Deutschen zu nehmen, auch an der deutschen Zivilbevölkerung.

112,19 **NKWD:** Die 1934 als »Volkskommissariat« gegründete Institution hatte die Bekämpfung der inneren Gegner zum Ziel.

118,16f. **Homunkulus:** Verkleinerungsform von lat. *homo* ›Mensch‹, also ›Menschlein‹. In Goethes *Faust* erzeugt Wagner ein »Menschlein« nach Anweisungen von Paracelsus.

123,15f. **Erkennungsmarken:** Metallmarken, die im Krieg von Soldaten um den Hals getragen werden und zur Feststellung der Identität von Gefallenen dienen.

123,17f. **Wunderwaffen:** Propagandabezeichnung für die V-(»Vergeltungs«-)Waffen, die entwickelt wurden.

124,7,11 [Konferenzen von] **Jalta** und **Potsdam:** Konferenzen der Staatschefs der alliierten Regierungsmächte im Jahr 1945, in denen sie über die Behandlung Deutschlands nach Beendigung des Zweiten Weltkriegs berieten und entschieden.

124,26 **Endsieg:** Propagandabezeichnung für einen trotz aller Niederlagen von den Nazis in Aussicht gestellten positiven Ausgang des Weltkriegs.

138,2 Motor**pinasse:** nach der Barkasse das zweitgrößte Beiboot der Kriegsschiffe.

144,26 **Arie »Stirb und Werde«:** Anspielung auf Goethes Gedicht *Selige Sehnsucht*, gedichtet am 31. Juli 1814.

156,18 **Luftmarschalls Harris:** Chef des britischen Bombenkommandos im Zweiten Weltkrieg, der für weiträumige Flächenbombardements eintrat.

158,11 **Siegesrune:** Runen sind älteste Schrift- und Zauberzeichen der Germanen. Die Nazis kultivierten diese Erinnerungen an die germanische Vorzeit.

160,9f. **revisionistischen Geschichtsrelativismus:** Geschichtsbetrachtung, deren Ziel es ist, eingetretene historische Entwicklungen rückgängig zu machen.

161,14 **Gagarinstraße:** Nach dem russischen Kosmonauten Juri Gagarin (1934–68), der am 12. April 1961 als Erster in einer Raumkapsel die Erde umkreiste, wurden in vielen Städten der DDR Straßen benannt.

169,9 **»Archipel Gulag«:** Strafgefangenenlager der Sowjetunion.

184,28 **philosemitisches Gebaren:** besonders judenfreundliches Verhalten.

191,17f. **das legendäre Bernsteinzimmer:** kostbarer, nach dem Krieg unauffindbarer, mit Bernsteinschmuck ausgestatteter Raum der Zarenfamilie.

203,29f. **Pfarrer Hintze mit seiner »Rote-Socken-Kampagne«:** Wahlkampfstrategie, vom damaligen Generalsekretär der CDU, Hintze, gegen die linken Parteien, vor allem gegen die PDS gerichtet.

203,30 **PDS:** Partei Demokratischer Sozialismus, Nachfolgepartei der SED.

203,31 **den Dicken:** Gemeint ist Bundeskanzler Helmut Kohl (CDU), der 1998 die Mehrheit im Bundestag verlor.

204,3 **Reps:** Kurzform für Mitglieder der rechtsgerichteten Partei der Republikaner.

206,23f. **Hamburgs Alsterhaus ... Berlins KaDeWe:** bekannte Großkaufhäuser in Hamburg und Berlin.

211,29 **Stutthof:** Ort an der Danziger Bucht zwischen Danzig und Elbing, in dem die Nationalsozialisten ein Konzentrationslager einrichteten.

6. Interpretation

Der Auftakt

Die kurze, prädikatlose Frage »Warum erst jetzt?« (7), die der Erzähler an den Anfang setzt, verlangt nach Ergänzung. Sie bezieht sich offensichtlich auf eine Handlung, eine Tat, ein Ereignis oder eine Aussage, die nicht mitgeteilt wird. Es wird nach dem Grund eines Ereignisses oder nach der Begründung einer Handlung gefragt, ohne dass über das Ereignis oder die Handlung etwas mitgeteilt würde. Aus der Frage geht weder hervor, worüber gesprochen wird, noch, wer angesprochen ist. Dagegen erkennt man deutlich, dass die Frage eine Vorgeschichte hat.

Die zentrale Frage

Der Satz »Warum erst jetzt?« steht nicht nur am Anfang des Textes; er bildet den konzeptionellen Ausgangspunkt der Novelle. Nicht nur der Erzähler, sondern auch der Autor scheint von der Frage bewegt zu sein. Ein Blick in die ersten Fassungen des Textes[29] dürfte das bestätigen: In dem ersten handschriftlich verfassten Entwurf vom 17. Februar 2001 lautet der erste Satz: »Warum erst jetzt, sagte er und schrieb in seine Kladde: Warum jetzt erst?« In einem zweiten Entwurf vom gleichen Tag heißt es: »Ich könnte schreien, kann aber nicht. Wie damals der Schrei überm Wasser. Warum erst jetzt?« Die erste mit Schreibmaschine gefertigte Fassung setzt dann die Frage wieder an den Anfang: »›Warum erst jetzt?‹ sagte jemand, der nicht ich bin. Und so stand gleich am Anfang in meiner Kladde die Frage: Warum jetzt erst?« Der zweite Satz wird später gestrichen

Entwürfe und Endfassung

und die nächste maschinengeschriebene Fassung hat dann die endgültige Form: »›Warum erst jetzt?‹ sagte jemand, der nicht ich bin.«

Die zentrale Frage ist also in allen Fassungen enthalten und gewinnt ihre ursprüngliche Spitzenstellung zurück, die sie im zweiten Entwurf verloren hatte. Dagegen wechseln die Fragesteller. Im ersten und zweiten Entwurf ist von einem Ich die Rede, das erste Sätze »in seine Kladde« schreibt und dabei von einem noch nicht identifizierbaren Erzähler beobachtet wird. In der überarbeiteten und dann endgültigen Fassung stellt ein »jemand, der nicht ich bin« die Frage, während der bisher von außen beobachtete Schreiber zum Ich-Erzähler geworden ist. Damit ist die Frage aus dem engen privaten Horizont eines schreibenden Ichs herausgehoben und gewinnt an Brisanz und Relevanz; denn dieser »jemand« ist eine höhere Instanz mit weiterem Horizont und größerer Kompetenz. Niemand anders als der Autor Günter Grass, der sich bald als dieser Jemand zu erkennen gibt, stellt nun die Frage, die auf Antwort wartet.

Autor und Ich-Erzähler und die literarische Debatte

Von interpretierenden und rezensierenden Lesern genauer ausgeführt, lautet die grundlegende Frage: »Warum erst jetzt die Beschäftigung mit dem entsetzlichen Leid, das Deutschen in der letzten Phase des Zweiten Weltkrieges widerfahren ist, als Hunderttausende im Feuersturm der Bomben verglüht, von Trümmern erschlagen oder verschüttet wurden, als Millionen in Panik vor der Roten Armee davonliefen und viele dabei auf elende Weise zugrunde gingen – verhungert, erfroren, ertrunken, erschlagen oder zu Tode vergewaltigt.«[30]

Das »erst jetzt«, das Vorgeschichte und Erzählergegenwart in Beziehung setzt, macht deutlich, dass eine doppelte Frage gestellt wird. Erstens: Warum ist darüber bis jetzt geschwiegen worden? Zweitens: Warum soll darüber jetzt öffentlich geredet und geschrieben werden? Beide Fragen sind Thema einer intensiven und breiten literarischen Debatte, die 1997 durch Veröffentlichungen des Schriftstellers W. G. Sebald ausgelöst wurde, an der sich auch Günter Grass beteiligte und auf die er nun mit seiner Novelle *Im Krebsgang* reagiert.

Der Schreiber des ersten Entwurfs, den man sich über »seine Kladde« gebeugt vorstellen mag, reflektiert die Gründe seines bisherigen Schweigens in abgehackten unvollständigen Sätzen: »Wie meine Mutter … Weil immer anderes wichtiger war … Weil ich sonst alles was mich betrifft hätte auspacken müssen … Weil …« Der auktoriale Erzähler resümiert dazu: »Noch hatten die Wörter Schwierigkeiten mit ihm.« Aus diesem Resümee des außen stehenden Erzählers werden später Überlegungen des Ich-Erzählers, von denen man nicht weiß, ob sie gesprochen oder geschrieben zu denken sind: »Noch haben die Wörter Schwierigkeiten mit mir« (7). Der genannte »jemand« drängt dann dazu, das Schweigen aufzugeben und nun endlich zu »beginnen« (7).

Sehr viel später stellt sich dann auch dieser »jemand«, der inzwischen als der »Alte« eingeführt wurde und mit der Person des Autors Günter Grass gleichzusetzen ist, der Doppelfrage. Er begründet sein und das allgemeine Schweigen damit, dass in der Nachkriegszeit bis in die Gegenwart hinein »die eigene Schuld übermächtig und bekennende Reue in all den Jahren vordringlich gewesen sei« (99). Jetzt aber sieht er ein, dass es »Aufgabe seiner Generation gewesen (wäre), dem Elend der ostpreußischen Flüchtlinge Ausdruck zu geben« (99). Doch geht es ihm nicht nur um historische Vollständigkeit oder gar Wahrheit; er hat vielmehr Sorge, dass »das gemiedene Thema« von den »Rechtsgestrickten« (99) aufgenommen und damit ideologisch verfälscht behandelt wird.

Das »Versäumnis«, das in den Augen des Alten »bodenlos« (99) ist, muss also beseitigt werden – im Hinblick auf die vergangene Geschichte und im Hinblick auf die politische Zukunft. Die Frage »Warum erst jetzt?« ist keine private, sondern eine öffentliche. Der Ich-Erzähler stellt sich der Aufgabe, indem er beginnt, »diese Geschichte« (7) aufzuarbeiten; der Autor formt die Ich-Erzählung zu einer Novelle. Es besteht die Aussicht, dass die persönliche Geschichte einer literarischen Figur in den Rahmen weltgeschichtlicher Ereignisse eingepasst wird.

Novellistisches Erzählen

Tradition der Novellisten

Als »Eine Novelle« (3) kündigt der Autor sein Werk an. Er stellt sich damit in eine Tradition, deren Anfänge bei dem Italiener Boccaccio (1313–75) und dem Spanier Cervantes (1547–1616) gesehen werden, die ihren Höhepunkt in der deutschsprachigen Literatur mit Autoren wie Kleist, Keller, C. F. Meyer, Storm und Stifter im 19. Jahrhundert hatte und die am Ende des 20. Jahrhunderts beendet zu sein schien. Doch schon mit *Katz und Maus*, dem zweiten Band der »Danziger Trilogie«, hatte Grass den Gegenbeweis angetreten, indem er auch da schon »Eine Novelle« vorlegte und zeigte, dass novellistisches Erzählen weiterhin möglich ist. Ausdrücklich wird dem Erzähler von *Im Krebsgang* bestätigt, dass sein »Bericht […] das Zeug zur Novelle« (123) habe. Dieser winkt zwar ab und bemerkt, dass ihn eine solche »literarische Einschätzung […] nicht kümmern« (123) könne; doch der Leser sollte sich durchaus veranlasst fühlen, die gelegte Spur zu verfolgen.

Was ist eine Novelle?

Allerdings ist zuzugeben, dass dies nicht einfach ist, da es keine eindeutige und klare Definition des Begriffs »Novelle« gibt. Die Erklärungen »Erzählung in Prosa« und »gedrängte Erzählung einer neuen Begebenheit«[31] sind allzu weit. Hilfreicher sind die verschiedenen Abgrenzungsversuche: »Von der jüngeren Kurzgeschichte unterscheidet sich die Novelle u. a. durch ihre geschlossene Form, von Legende, Fabel und Märchen durch ihren Realitätsbezug, von Anekdote, Schwank und Kalendergeschichte durch bewusst kunstvollen Aufbau und gehaltliches Gewicht, vom Roman durch die Konzentration auf Ereignis und Einzelkonflikt«[32]. Ein anderer Ausgangspunkt entsprechender Untersuchungen ist die von Johann Peter Eckermann überlieferte Äußerung Goethes: »[…] denn was ist eine Novelle anders als eine sich ereignete unerhörte Begebenheit.«[33]

Einigkeit dürfte darin bestehen, dass es sich bei dem Untergang der *Gustloff* um ein Ereignis handelt, das tatsächlich stattgefunden hat, das auf Grund seiner näheren Umstände und seiner Dimension als »unerhört«, nämlich als ›ungeheuer‹, ›unglaublich‹, ›außerordentlich‹ charakterisiert werden kann, das aber auch in jenem anderen Sinne als »unerhört« angesehen werden muss, als das Ereignis nach Ansicht der Beteiligten noch nicht hinreichend zu Gehör gebracht wurde. Es muss dem Novellisten also darum gehen, die Bedeutung des real Geschehenen durch eine angemessene literarische Formung als bedeutungsvoll nachzuweisen und es dem Publikum nahe zu bringen.

Der Ich-Erzähler der Novelle *Im Krebsgang*, der im Augenblick des Untergangs der *Gustloff* am 30. Januar 1945 geboren wurde, scheint die geeignete Person zu sein, die das leisten könnte. Man erklärt ihm, »das Herkommen [s]einer verkorksten Existenz sei ein einmaliges Ereignis, exemplarisch und deshalb erzählenswert« (30). Die ihn auf diese Weise anstoßen, haben als Literaturkenner Ahnung von literarischen Stoffen und ihrer Verwendung und denken vielleicht an die *Novelas ejemplares* von Cervantes, zu Deutsch *Exemplarische Novellen*, als Vorlage oder Muster. Sie versuchen, den Erzähler davon zu überzeugen, dass er ein »exemplarischer Fall« (42) ist. Jener Literaturkenner, der drängt, mit dem Schreiben zu beginnen, und der in Aussicht stellt, dass aus dem »Zeug« eine »Novelle« (123) werden könnte, beobachtet den Erzähler durchgehend und macht das Erzählen zu einem gesellschaftlichen Ereignis, wie es in Boccaccios *Dekameron* vorgeformt ist.

Der Erzähler und der Literaturkenner

Dieser Beobachter im Hintergrund wird im ersten Satz der Novelle eingeführt als »jemand, der nicht ich bin« (7). Später erfährt man, dass er der eigentlich Kompetente ist und dass alles, was »mit der Stadt Danzig und deren Umgebung verknüpft oder locker verbunden sei, seine Sache« (77) ist. Spätestens an dieser Stelle merkt der kundige Leser, dass sich hier der Verfasser der »Danziger Trilogie«, also Günter Grass, selbst einmischt. Ironisch distanziert spricht er von sich als dem »Alten«, der es versäumt habe, »das Schicksal der Pokriefkes« zu erzählen, und für den es jetzt »zu spät« (77) sei, da

Der »Alte«

er sich »müdegeschrieben« (99) habe. Deshalb sucht er eine »Hilfskraft« (70) oder einen »Ghostwriter« (30), der die Sache zu Gehör bringt. Er setzt auf den Erzähler: »Als Person von eher dürftigem Profil, sei ich dennoch prädestiniert: geboren, während das Schiff sank« (78).

Fraglich ist, ob sich jemand durch solche Charakterisierung motiviert fühlen kann. Von sich selbst sagt der Erzähler, dass er »ein mittelmäßiger Journalist« (42) sei, der »leidlich« gelernt habe, »mit [s]einem Computer umzugehen« (8), der »ziemlich rechtslastig für Springer zu schreiben begann« (31), später »ziemlich links eingestellt« (21) war, sich dann aber als »Agenturschreiberling über Wasser« (43) hielt, indem er Informationen sammelte und bearbeitete, sich aber aller persönlicher Meinungen und Urteile zu enthalten hatte. Jetzt, das merkt er, hat er »Jungnazis« entgegenzutreten, die als »Kameradschaft Schwerin« unter der Internetadresse »www.blutzeuge.de« »markige Sprüche« verbreiten (8). Er spürt die Notwendigkeit, aber auch die Schwierigkeit der Aufgabe und plant, den Ereignissen der Vergangenheit »eher schrägläufig in die Quere« (8) zu kommen – »etwa nach Art der Krebse, die den Rückwärtsgang seitlich ausscherend vortäuschen, doch ziemlich schnell vorankommen« (8 f.).

Der Erzähler – ein »mittelmäßiger Journalist«

»*Im Krebsgang*« – so der Titel der Novelle – wird er vorgehen. Er kennzeichnet damit eine Haltung und eine Arbeitsweise, durch die letztlich die Struktur der Novelle bestimmt wird. Im »Rückwärtsgang« wird er sich an das Ereignis heranmachen, das der Vergangenheit angehört. Er wird recherchieren, was über die *Gustloff* und deren Untergang zu erfahren ist. Dabei

Die Erzählweise: »nach Art der Krebse«

stößt er auf nationalsozialistisch geprägte Streitschriften wie die von Wolfgang Diewerge (14, 16, 17, 24, 25, 28, 189), die »im Franz Eher Verlag, München, im Jahr 1936« (14) erschienen war, im gleichen Verlag, der auch Hitlers *Mein Kampf* herausbrachte. Daneben liest er »Emil Ludwigs [...] Schrift *Der Mord in Davos*« (17, auch 10, 16, 28). Beide Autoren befassen sich mit Wilhelm Gustloffs Ermordung durch David Frankfurter. Aber: »Was bei Wolfgang Diewerge ›eine feige Mordtat‹ hieß, geriet dem Romanautor Emil Ludwig zum ›Kampf Davids gegen Goliath‹« (28). Direkt zu Anfang merkt der Erzähler, dass nicht die Fakten Probleme bereiten, sondern deren Einschätzung, Bewertung und ideologische Ausschlachtung.

Hauptquelle: Heinz Schön: Die *Gustloff*-Katastrophe

Um ein sicheres Fundament für ein eigenes Urteil zu finden, arbeitet er das 1984 erschienene, 515 Seiten starke Werk von Heinz Schön durch: *Die »Gustloff«-Katastrophe. Bericht eines Überlebenden über die größte Schiffskatastrophe im Zweiten Weltkrieg.* Er gibt zu, dass er von dem »Sammlerfleiß« (62) des einstigen Zahlmeisterassistenten der *Gustloff* profitiert, der alles, was das Schiff betrifft, aufgelistet hat: »die Anzahl der Kabinen, die Unmengen Reiseproviant [...] und schließlich – von Buchauflage zu Buchauflage steigend – die Zahl der Toten und Überlebenden« (62). Heinz Schön ist des Erzählers wichtigster Gewährsmann; auf ihn beruft er sich immer wieder (63, 71, 91, 96, 97, 113, 115, 147, 191). Ergänzend liest er eine Veröffentlichung englischer Kriegshistoriker (115, 129). Um eine visuelle Vorstellung zu gewinnen, sieht er sich zwei Filme an: Der »Regisseur Rolf Lyssy« hat die Ermordung Gustloffs »ziemlich korrekt« verfilmt; doch: »Neues sagt der Film nicht« (68). Mehr Eindruck macht der Film *Nacht fiel über Gotenhafen* – ein Schwarzweißfilm unter der Regie von »Frank Wisbar« (113). Doch kann auch dieser Film nicht zeigen, wie es wirklich gewesen ist.

Das Grundproblem, das sich dem Erzähler stellt, wird durch diese Recherchen nicht gelöst, aber immer deutlicher erkannt. Unübersehbar ist die Schwierigkeit, das, was geschehen ist und was verkürzt die »Geschichte« (7) der *Gustloff* genannt wird, sprachlich zutreffend zu fassen. Als geschichtliche Darstellung, als *historia*, wäre ein objektiver, informativer Bericht das angestrebte Ziel. Aber selbst die umfangreiche Dokumentation von Heinz Schön enthält Lücken und muss mehrfach korrigiert werden. Außerdem ist sie, wie Paul Pokriefke sagt, »zu unbeteiligt geschrieben« [...], »nech persenlich jenug erlebt« (94), wie seine Mutter sagt. Diese erwartet keine historische Abhandlung, sondern ein »Zeugnis« (19), eine Geschichte »von Härzen« (94), eine *fabula* also, in der die vielen Einzelschicksale gewürdigt werden und die den Leser erschüttert. Sie sucht einen »Verkünder der Legende eines Schiffes« (95). Sie findet ihn schließlich in ihrem Enkel, nachdem sich ihr Sohn Jahre lang geweigert hat, sich von der »Ewiggestrigen« (89) vereinnahmen zu lassen.

Der Erzähler distanziert sich ausdrücklich von den Erwartungen der Mutter. Er will keinen Erlebnisbericht liefern und möchte auf keinen Fall ideologisch vereinnahmt werden. Kritisch sieht er die unterschiedlich geprägten Abhandlungen von Diewerge und Ludwig zum Tod Wilhelm Gustloffs. Er erlebt, wie Heinz Schön von Überlebenden der *Gustloff* gestraft wird, als er einen Vortrag über die »Versenkung der *Wilhelm Gustloff* am 30. Januar 1945 aus der Sicht der Russen« (97) hält. Jetzt muss er erleben, wie »Wilhelm« und sein Chat-Partner »David« von extrem unterschiedlichen Standpunkten an die Geschichte des Schiffs herangehen. Es scheint schwierig, vielleicht unmöglich, die »sich ereignete« Geschichte der *Gustloff* als wahre Geschichte, sei es als *historia*, sei es als *fabula*, zu formulieren und zu vermitteln. Mehr als von der Ereignisgeschichte der *Gustloff* ist in der Novelle *Im Krebsgang* von der Schwierigkeit die Rede, die Wahrheit zu finden und daraus eine Geschichte zu verfertigen.

»seitlich ausscherend« gegen Veröffentlichungen im Internet

Zeitgleich mit den rückwärts gewandten Recherchen glaubt der Erzähler »der Zeit […] schrägläufig in die Quere kommen« (8) zu sollen, also »seitlich ausscherend« (9) in die wieder aufgeflackerte Debatte über die Schiffskatastrophe eingreifen zu müssen. Er wird sich folglich mit dem, was unter der Internet-Adresse »www.blutzeuge.de« (8) veröffentlicht wird, auseinander setzen müssen. Ihn interessiert, wer da spricht, und mehr noch, wie jemand dazu kommt, solches »Zeug« zu verbreiten – »mehr zum Lachen als zum Kotzen« (8).

Der *Krebsgang* – vom »Alten« aus der Ferne beobachtet – wird kein einfacher Weg sein. Zeitweise will der Erzähler »nicht weiter im Krebsgang« (30) vorgehen. Aber nicht nur der Alte sitzt »im Nacken«, sondern auch »Mutter«, die »niemals lockergelassen hat« (31). Eine zunehmende Belastung ergibt sich daraus, dass der Erzähler »im Krebsgang auf [s]ein privates Unglück« (88) stößt. Der, dem er da in die Quere kommt, ist sein Sohn Konrad, der ins Fahrwasser der »Ewiggestrigen« (89) geraten ist.

Das »unerhörte Ereignis«

Der »Tag des fortlebenden Unglücks« (11) ist – auch nach Ansicht des Erzählers – der 30. Januar 1945. Für Tulla Pokriefke, die Mutter des Erzählers, begann das Unglück, als »dieser Russki« den »Befehl jab, die drai Dinger direktemang auf ons loszuschicken ...« (11); die Katastrophe auf der *Gustloff* folgte unmittelbar.

Die ganze »Story«

Für den Erzähler fing »diese Geschichte« (7) vorher an und er sammelt Material für die ganze »Story« (8). Für ihn beginnt die Geschichte mit der Geburt des Namensgebers und tritt dann mit dem Bau des KdF-Schiffs äußerlich in Erscheinung. Nach einer propagandistisch ausgeschlachteten Vorbereitung mit Stapellauf und Schiffstaufe (50 ff.) und einer Glanzzeit mit Kdf-Reisen nach Madeira (65), Norwegen (65, 78) und Italien (70) beginnt am Anfang des Zweiten Weltkriegs dadurch der Niedergang, dass die *Gustloff* zum Kriegsschiff wird. Als dann drei der auf Marineskos Befehl abgeschossenen Torpedos am 30. Januar 1945 die *Gustloff* treffen, fallen »die Schiffsmotoren, [...] die Innenbeleuchtung auf den Decks und die sonstige Technik« (133) aus. Die Katastrophe beginnt. Etwas später erlaubt die anspringende Notbeleuchtung »einige Orientierung im Chaos der ausbrechenden Panik« (133). Der Untergang steht kurz bevor.

Eine »unerhörte Begebenheit«

Das, was sich dann als »Unglück«, als größte »Schiffskatastrophe« (14) oder – novellistisch gesprochen – als »unerhörte Begebenheit« ereignet, wird sprachlich weitgehend ausgespart, »ist mit Worten nicht zu fassen« (136). Der Erzähler entschuldigt sich: »Mutters für alles Unbeschreibliche stehende Satz ›Da hab ech kaine Töne fier ...‹ sagt, was ich undeutlich meine. Also versuche ich nicht, mir Schreckliches vorzustellen und das Grauenvolle in ausgepinselte Bilder zu zwingen, sosehr mich jetzt mein Arbeitgeber drängt, Einzelschicksale zu reihen, mit episch ausladender Gelassenheit und angestrengtem Einfühlungsvermögen den großen Bogen zu schlagen und so, mit Horrorwörtern, dem Ausmaß der Katastrophe gerecht zu werden« (136).

Der Verzicht auf eine genaue Schilderung der Einzelheiten der Katastrophe wird vom Erzähler, der persönlich unmittelbar betroffen ist, glaubhaft begründet. Gleichwohl handelt es sich um ein in Reden und literarischen Texten häufiger auftretendes, Emotionen weckendes Stilmittel, Aposiopese (Verstummen, Verschweigen) genannt. Der Erzähler gibt zu, dass auch er sich die ganze Katastrophe nicht vorstellen, dass er das weder genau berichten noch wahrheitsgetreu erzählen kann. Indem er sich für unfähig erklärt, die passenden Worte zu finden, veranlasst er den Hörer oder Leser, sich selbst ein Schreckensbild auszumalen.

Das Tabu ist gebrochen

Auf diese Weise hat er erreicht, was sein »Auftraggeber« verlangte, ohne doch den Anweisungen – »ausgepinselte Bilder«, »Einzelschicksale«, »Horrorwörter« – zu folgen (136). Das Tabu ist gebrochen, das sowohl »im Osten« wie auch »im Westen« (50) bestand, nämlich »über soviel Leid [...] schweigen« zu müssen, »weil die eigene Schuld übermächtig und bekennende Reue [...] vordringlich« war (99). Da man jahrzehntelang »ieber die *Justloff* nich reden jedurft hat« (50), ist nicht nur Wichtiges von dem, was zur deutschen Geschichte gehört, verschwiegen worden, sondern es haben sich Legenden gebildet, die das Geschichtsbild verfälschen. Deshalb war es nach Ansicht des Alten an der Zeit, über Flucht und Vertreibung nicht mehr zu »schweigen«, sondern »das gemiedene Thema« (99) aufzunehmen. Die »unerhörte Begebenheit« des Untergangs der *Gustloff* muss nicht nur gehört, sondern auch erörtert werden.

Wie notwendig das ist, erkennt der Erzähler an der Art, wie sein Sohn die Katastrophe aufarbeitet. Er verbreitet »unter der Chiffre ›www.blutzeuge.de‹ […] in der Sprache der damals offiziellen Verlautbarungen«: »So wütete die russische Soldateska …« (101). Er verschweigt, dass die auslaufende *Gustloff* »Flakgeschütze« in Bereitschaft hatte, die sie zum Kriegsschiff machten, dass auf ihr verwundete Soldaten, »U-Bootmatrosen und […] Marinehelferinnen« transportiert wurden (103), dass das Schiff also für den Kriegsfall gerüstet war und gemäß Kriegsrecht vom Gegner bekämpft werden durfte. Einseitig und ideologisch fixiert leugnet er jede Schuld der Deutschen, überhäuft die Gegenseite mit Unrechtvorwürfen und aktualisiert die Tendenz für seine Zeit: »Dieser Terror droht immer noch ganz Europa« (101). Rechtsradikale Mittel und Ziele werden deutlich: Einseitigkeit im Bericht, Lüge, Verzerrung der historischen Wirklichkeit, direkte oder indirekte Aufforderung zu Rache und Gewalt; statt Genauigkeit der Analyse und Bereitschaft zum Diskurs »der Wunsch nach einem ungetrübten Feindbild« (104).

Die Begebenheit in der Darstellung Konrads

Für den Erzähler sieht die Sache anders aus. Die Katastrophe als unerhörte Begebenheit ist zwar Höhepunkt, aber doch nur Teilabschnitt einer sehr viel umfassenderen Geschehenskette. Die Geschichte beginnt, aus der Rückschau betrachtet, mit der Geburt je-

Die Begebenheit in der Folge der Geschehenskette

nes Wilhelm Gustloff, der als »Blutzeuge« zur Propagandafigur gemacht wurde, und zieht sich so lange weiter hin, wie in dieser Figur ein Lebensideal gesehen wird. Ein vorläufig letztes Glied der verhängnisvollen Kette ist der Mord Konrad Pokriefkes, genannt Wilhelm, an Wolfgang Stremplin, genannt David, als Folge des nicht aufzulösenden Streites der ideologisch Festgelegten darüber, wie die Schiffskatastrophe einzuschätzen und zu bewerten und was von dem zu halten sei, der in der Nazi-Zeit als »Blutzeuge« gehandelt wurde – auch dies eine »unerhörte Begebenheit«.

Eine zweite »unerhörte Begebenheit«

Zusammengehalten wird die Geschehenskette durch den Namen »Wilhelm Gustloff«. Der in Davos Ermordete gab dem Schiff, das zum Symbol des Aufstiegs und Untergangs des sogenannten Dritten Reiches wurde, den Namen. Konrad Pokriefke, der von den Verbrechen des Regimes und von der Schuld der Deutschen nichts wissen will, glaubt Wilhelm Gustloff rächen zu sollen, indem er als »Wilhelm« seinen Chat-Partner Wolfgang Stremplin ermordet, der unter dem Namen »David« die Belange David Frankfurters, des Mörders von Davos, vertritt. Der Mord in Schwerin ist eine Fortsetzung des Mordes von Davos mit umgekehrten Vorzeichen.

»David« und »Wilhelm« als unversöhnte Gegensätze

Beide Namen – Wilhelm und David – rufen Assoziationsketten wach: Mit dem deutschen Namen Wilhelm waren zwei deutsche Kaiser behaftet, von denen der eine am Anfang, der andere am Ende des Zweiten deutschen Reiches stand. Der Name David führt zurück ins Alte Testament, das von den Zeiten des Königs David berichtet. Dieser David aus dem Stamme Juda bestand den Kampf mit Goliath, machte Jerusalem zu einer festen Hauptstadt und wehrte die Angriffe der Nachbarvölker ab. »Wilhelm« und »David« stehen in einem bis heute nicht versöhnten Gegensatz.

Standpunkte und ideologische Fixierungen

Sehweisen und Deutungen

Dass nicht die Fakten strittig sind, sondern deren Deutungen hat der Erzähler von Kind an erfahren können. Seine Mutter, die Ostpreußen hatte verlassen müssen, wurde in Schwerin als »Umsiedlerin« gekennzeichnet, wäre sie weiter in den Westen Deutschlands gekommen, hätte man sie als »Ostflüchtling« klassifiziert (12). Den verschiedenen Bezeichnungen liegen bei gleicher Faktenlage unterschiedliche Sehweisen und unterschiedliche Einschätzungen des Sachverhalts zugrunde. Während man sich den Vorgang des Umsiedelns als einen einverständlichen Akt des Wohnortwechsels mit gerechtem Ausgleich und unter humanen Bedingungen vorstellt, verbindet man mit Flucht Furcht vor drohender Gewalt und endgültige, ersatzlose Aufgabe dessen, was man zurücklässt. Beide Bezeichnungen – »Umsiedlerin« und »Ostflüchtling« – sind insofern ideologisch geprägt, als sie Ausdruck eines Standpunkts sind, von dem aus das Verhalten der siegreichen russischen Armee unterschiedlich gewertet wird.

Sprache und Politik

In der Sprache, so ist allgemeiner zu sagen, spiegeln sich Weltauffassungen; umgekehrt werden Weltauffassungen mittels der Sprache vermittelt und gegebenenfalls durchgesetzt. Dass besonders sprachliches Handeln und politisches Handeln in einer engen Beziehung stehen, wird offenkundig, wenn man den Umgang der diktatorisch Regierenden mit der Sprache untersucht, wie er im sogenannten Dritten Reich und in der Deutschen Demokratischen Republik erfolgte.

Selbsteinschätzung und Fremdeinschätzung der DDR

Die DDR verstand sich als »Arbeiter-und-Bauern-Staat« (54), in dem das »Volk« Ausgangs- und Zielpunkt allen politischen Handelns sein sollte, in dem Betriebe »volkseigen« (21) waren und in dem gemeinschaftlich – einerseits im »Betriebskollektiv« (40), andererseits im »Parteikollektiv« (42, 89) – an einer besseren gemeinsamen Zukunft gearbeitet werden sollte. Dies hatte im Sinne eines Kampfes zu geschehen. Tulla Pokriefke gehört in Schwerin einer »Tischlereibrigade« (21, 67) an und wird als »verdiente Aktivistin« (90, 178) geehrt. Die sich in diesem Kampf auszeichneten, wurden zu »Helden der Arbeit« erklärt. Paul Pokriefke verlässt diesen Staat, hat genug »vom FDJ-Gehampel, den Ernteeinsätzen, den Aktionswochen, dem ewigen Bauaufgesinge« (57). Er schreibt von West-Berlin aus »gegen den Mauer- und Stacheldrahtkommunismus« (21) und nimmt damit die westliche Position ein. Vom Standpunkt der DDR aus betrachtet, ist er zum »Klassenfeind« (20) übergewechselt und als »Republikflüchtling« (19) Verräter an der guten Sache. Seine Mutter darf als »Genossin«, also als Mitglied der SED, »keine Westkontakte haben«, vor allem keine Kontakte »mit ihrem republikflüchtigen Sohn« (21). Die Zweiteilung der Welt wird sprachlich signalisiert und mit allen Mitteln durchgesetzt.

Genauer, brutaler und folgenreicher gehen die Nazis vor. Sie feiern den 30. Januar 1933 als Tag der »Machtergreifung« (11, 16, 23, 36, 116) oder der »Machtübernahme« (16, 23)

Elemente der Nazi-Sprache:

und deuten den Akt, in dem Hitler als Reichskanzler die Regierungsverantwortung übergeben wird, als Herrschaftsauftrag mit absoluter Machtfülle. Ausbau und Sicherung der Macht erfolgen über das Ermächtigungsgesetz (39), die Errichtung der ersten Konzentrationslager (17, 41) und die Beseitigung der innerparteilichen Gegner wie Röhm und Strasser (10). Ziel ist die Errichtung eines »Führerstaates«, in dem in äußerster Konsequenz nur einer – der »Führer« – befiehlt und alle anderen zu gehorchen haben.

Die Legitimation ist nicht staatsrechtlicher, sondern religiöser Art und wird mit allen verfügbaren Medien propagiert. Im Hintergrund ist eine Ideologie zu erkennen, die soziale Gegebenheiten und Handlungsweisen der Führenden absichern, aufwerten und legitimieren sollen. Die grundlegenden Sätze sind als Glaubenssätze nicht beweisbar und als wissenschaftliche Thesen problematisch oder sogar falsch. So wird noch am 30. Januar 1945 »Hitlers Rede an sein Volk« (119) vom Rundfunk übertragen und durch Lautsprecher auf der dem Untergang entgegen fahrenden *Gustloff* verbreitet. In ihr verkündet der »Führer«: »Heute vor zwölf Jahren, am 30. Januar 1933, einem wahrhaft historischen Tag, hat mir die Vorsehung das Schicksal des deutschen Volkes in die Hand gelegt …« (119).

»Machtergreifung«

Der Satz ist in dem originalen Redetext[34] nicht zu finden, entspricht aber der Tendenz der tatsächlich übertragenen Rede und enthält in Kurzform die ideologische Rechtfertigung des Prozesses der »Machtergreifung« und des »Führerstaats«. Dieser Theorie nach hat eine göttliche Macht, die »Vorsehung« (10, 11, 41, 118), die von ferne die Geschicke auf der Erde lenkt, dem hier Sprechenden den Auftrag gegeben, stellvertretend für die ewige Macht zu wirken. Er, der »Führer«, hat den Auftrag angenommen und lenkt »das Schicksal des deutschen Volkes«, verantwortlich nicht dem Volk, auch nicht Gesetzen oder einer Verfassung, sondern nur jener unbekannten höheren Macht.

»Blutzeuge«

Von denen, die zu führen er sich ermächtigt glaubt, erwartet er unbedingten Glauben, Gehorsam – und Opfer. Wer in dieser Haltung stirbt, wird zum »Blutzeugen«. »Blutzeuge«, das deutsche Wort für »Märtyrer«, ist ein emotional geladenes Leitwort der religiösen Sprache. Der Märtyrer erfüllt im Tod den Sinn seines Lebens und liefert gleichzeitig anderen einen Beweis für die Wahrheit seines Glaubens. Da »Blut« in der Rassenideologie einen besonderen Stellenwert hat, ist das deutsche Wort »Blutzeuge« propagandistisch wirkungsvoller als das ursprüngliche altgriechische Lehnwort. Wilhelm Gustloff, der in seiner Wohnung auf einer Kommode »des Führers Büste« (27) stehen und an der Wand »den Ehrendolch der SA« hängen hat (27), dient über den Tod hinaus als »Blutzeuge der nationalsozialistischen Bewegung« (29). Die Überführung »der Leiche im Sarg« und »die Trauerfeier in Schwerins Festhalle« (35) tragen deutlich Züge einer Heiligenverehrung. »Der tote Wilhelm Gustloff«, so durchschaut der Erzähler, »wurde zu einer Figur aufgepumpt«, die wie der »Oberblutzeuge« Horst Wessel Leitbildfunktion übernehmen sollte (34).

Das Mahnmal, das dem »Blutzeugen« in Schwerin gesetzt wurde, trug die Inschrift: »Gelebt für die Bewegung – Gemeuchelt vom Juden – Gestorben für Deutschland« (171). Damit wird das gesamte Leben Gustloffs von der Geburt bis zum Tod vereinnahmt. Was er tat und was er litt, wird auf die Fixpunkte »Deutschland« und »nationalsozialistische

Bewegung« bezogen. Als Feind Deutschlands und der Bewegung wird »der Jude« angesehen. Dieser kollektive Feind ist gemäß jener Ideologie nur zu einem feigen, unehrenhaften Kampf – zum »Meucheln« – fähig. Zusammen mit der Aufwertung des eigenen Vertreters zum »Blutzeugen« erfolgt die Abwertung des Gegners zum »Meuchelmörder«.

Genau dieses Weltbild übernimmt Konrad Pokriefke. Er gesteht noch vor Gericht, in Wilhelm Gustloff sein »Vorbild gesehen« zu haben, und sagt wörtlich: »Dem Blutzeugen verdanke ich meine innere Haltung. Ihn zu rächen war mir heilige Pflicht!« (195). Diese Rachetat verübt er am 20. April 1997, dem Geburtstag des »Führers«, und gesteht: »Ich habe geschossen, weil ich Deutscher bin« (175). Äußerer Anlass ist, dass Wolfgang Stremplin »als Jude […] auf das vermooste Fundament gespuckt, also den Ort des Gedenkens ›entweiht‹« (174) hatte. Wieder gehen Nationalismus – »weil ich Deutscher bin« – und Rassismus – Kampf gegen den »Juden« – ein ideologisches Bündnis ein.

»heilige Pflicht«

Wie Wilhelm Gustloff, David Frankfurter und Alexander Marinesko einst sind auch »Wilhelm« und »David« jetzt »Menschen, die immer nur auf einen Punkt starren, bis es kokelt, qualmt und zündelt« (68). Als ideologisch Fixierte sind sie dem Erzähler nicht »geheuer« (68). Dieser versucht, ein Ereignis von verschiedenen Seiten und von verschiedenen Standpunkten aus zu betrachten. Deshalb hat er es mit dem Schreiben schwer, und deshalb empfindet er die Verirrung seines Sohnes als Unglück.

Als Schachzug wirkungsvoller Propaganda erwies sich der Entschluss der Nationalsozialisten, »das geplante KdF-Schiff nach dem jüngsten Blutzeugen der Bewegung benen-

Konrads ideologische Verblendung

nen zu lassen« (41). Dieses Schiff »mit nur einer einzigen Passagierklasse« soll »vorbildlich« für die angestrebte »Volksgemeinschaft aller Deutschen« werden (41). Ziel ist, »Reichsdeutsche« (25) und »Auslandsdeutsche« (33) in einem »Reich« (23, 24, 25 ff.) zusammenzuführen, das nicht nur als Nationalstaat einig und einzig dasteht, sondern auch im religiösen Sinne als auserwählt gelten darf. Dieses Reich zu schaffen ist eine Sache der Propaganda, der Organisation und der Kriegsvorbereitung.

»Volksgemeinschaft«

Die Volksgemeinschaft hat gemäß der Vorstellung des Führers eine Glaubens-, Kampf- und Schicksalsgemeinschaft zu sein. Vom Tag der Machtergreifung an beginnt der offene Kampf gegen die Juden in Deutschland: »Bücher jüdischer Autoren« werden verbrannt, die Arbeitsplätze jüdischer Wissenschaftler werden mit einem »Davidstern« gekennzeichnet (16); Juden werden auf offener Straße misshandelt. Von überzeugten Nationalsozialisten wird »die Lösung der Judenfrage als unaufschiebbar angesehen« (27). Die Einrichtung der Konzentrationslager bereitet diese »Lösung« vor.

»Der Jude« als Feindbild

Zur Rechtfertigung dient eine Rassenideologie, deren Hauptziel ist, die »arische Rasse« und damit den »deutschen Menschen« aufzuwerten und die zum Feind erklärten Gegner abzuwerten. Frau Gustloff streitet zwar ab, dass ihr Mann das Wort »Schweinejuden« (26) gebraucht habe; dennoch ist es ebenso wie »Judengesocks« (150) überliefert. Konrad verwendet mehrfach in der Auseinandersetzung mit seinem Chat-Partner unreflektiert aus dem »Lehrbuch des Rassismus« (118) die These von der Macht der »Plutokraten« und des »Weltjudentums« (65, 74, 82, 118). Abwertend gebraucht er die Bezeichnung »Itzig« (49) für einen beliebigen Juden und übernimmt damit eine Bezeichnung, die zum Sprachschatz seiner Großmutter gehört.

Von seiner Großmutter scheint er auch das Weltbild übernommen zu haben, dem gemäß die Bewohner der östlichen Staaten Europas niedrig eingestuft werden: Die in »offiziellen Verlautbarungen« als »russische Untermenschen« (101) abqualifiziert werden, sind für Tulla Pokriefke der »Iwan« (97, 102) oder auch der »Russki« (11, 13, 33); polnische Bürger gelten als »Polacken« (205) – auch lange nach dem Ende des Zweiten Weltkriegs.

Abwertungen

Offener und verdeckter Rassismus – so muss der Erzähler feststellen – ist nicht nur bei den »Ewiggestrigen« (50, 72, 89, 104), zu denen er seine Mutter zählt, sondern auch bei den »Jungnazis« (8) auszumachen, wie das Beispiel seines Sohnes zeigt.

Die nationalsozialistische Ideologie in der Einschätzung von Tulla, Paul und Konrad Pokriefke

Tulla Pokriefke hat den Aufstieg, das Ende und die Folgen des Nationalsozialismus miterlebt. Aber sie hat die Zusammenhänge nicht erfasst. Sie hat »nur Märchenhaftes von einem Schiff gehört, das weiß schimmerte und beladen mit fröhlichen Menschen« (29) war. Auch in der Erinnerung bleibt die *Gustloff* für sie »ain scheenes Schiff« (57). Über die Funktion des Schiffes als Mittel der Propaganda hat sie nie nachgedacht.

Tulla, »die Ewiggestrige«

Schuld am Untergang der *Gustloff* hat in ihren Augen »dieser Russki« (11, 13), der die Torpedos abgeschossen hat. Die Opfer, vor allem »all die Kinderchen« (57, 91) betrauert sie aufrichtig. Dass aber auch diese Kinder letzten Endes Opfer des nationalsozialistischen Regimes waren, würde ihr nie in den Sinn kommen.
Ihre Urteile sind spontan, nicht reflektiert, aber offen und ehrlich. Das hat zur Folge, dass sie »vieles zu laut und zur falschen Zeit« (39) sagt. Sie ist »nicht zu fassen« und »nicht auf Linie zu bringen« (100). Das macht sie sympathisch, aber auch problematisch.

Paul Pokriefke ist am Schicksalstag des 30. Januar 1945 geboren und hat schon deshalb allen Grund, sich mit dem Wendepunkt der deutschen Geschichte zu befassen. In der Kindheit und frühen Jugend war er der ideologischen Deutung der DDR ausgesetzt. Als er nach Westberlin kam, lernte er linke und rechte politische Positionen kennen. Als er in den späten 90er-Jahren beginnt, intensive Forschungen über das KdF-Schiff zu betreiben, fragt er »bei der Sichtung des mir zugänglichen Materials«: »Wie konnte es dem durch Ermächtigung entstandenen Staat […] gelingen, die […] Arbeiter und Angestellten nicht nur zum Stillhalten, sondern zum Mitmachen, alsbald zum Massenjubel […] zu verleiten?« (39). An der Haltung seiner Mutter erkennt er, dass die nationalsozialistische Propaganda durchaus erfolgreich war. Doch sieht er darin nur eine »Teilantwort« (39); eine abschließende, alles erklärende Antwort wird er nicht finden.

Paul, der Belastete und Zögernde

Er scheut das endgültige Urteil, möchte »wedernoch sein«, gibt sich »in der Regel neutral« (75). Nicht geheuer sind ihm »Menschen, die immer nur auf einen Punkt starren« (68); fremd ist ihm »ein jeder, der nur

ein einziges Ziel vor Augen hat, zum Beispiel mein Sohn ...« (69). Er, der sich hütet, einseitig und ideologisch fixiert zu urteilen, muss erleben, dass sein Sohn, ohne Not und entgegen den Erziehungsgrundsätzen seiner Eltern, zum ideologisch verleiteten Mörder wird.
Damit stellt sich für ihn die Frage nach der Schuld. Er, der selbst vaterlos aufgewachsen ist (22, 144), ist »schließlich Vater geworden« (22). Er weiß, dass er diese Rolle nicht gut ausgefüllt hat, und formuliert den Ausrufesatz: »Ach, wäre ich, der Vaterlose, nie Vater geworden!« (184), als er erfährt, dass sein Sohn zum Mörder geworden ist. Der irreale Wunschsatz ist Ausdruck großer Verzweiflung und hat große Ähnlichkeit mit dem Satz »O wär ich nie geboren!«, den antike Autoren jene Personen sprechen lassen, die erkennen, dass sie in tragische Schuld verwickelt sind. Trotzdem lehnt er sich auf und möchte die Schuld auf seine Mutter abwälzen: »Sie, allein sie ist schuld« (193). Es ist ein schwacher Versuch, der letztlich von Konrad, dem Angeklagten, zurückgewiesen wird. Paul Pokriefke ist tief verunsichert. Er relativiert seine eigenen Urteile und sucht vergeblich nach gültigen Maßstäben. »Nichts hält auf ewig« (166) ist eine seiner Maximen. Damit entzieht er sich jedem abschließenden Urteil.
Konrad Pokriefke, der sechzehnjährige Gymnasiast, übernimmt nicht nur die Wertung seiner Großmutter: »Die *Gustloff* war ein schönes Schiff« (73); er feiert auch »den Tag der Machtergreifung« (116), setzt sich dafür ein, dass wieder ein Gedenkstein da errichtet wird, »wo seit 1937 der hochragende Granit zu Ehren des Blutzeugen gestanden hat« (83), und bietet sich als Ansprechpartner im Internet unter der Adresse »www.blutzeuge.de« an.

Für ihn ist der von der »Vorsehung« (41) auserwählte »Führer« immer noch Leitbild. Er verteidigt die »These von der notwendigen Reinerhaltung der arischen Rasse und des deutschen Blutes« (48) und verdächtigt das »Weltjudentum« und die »Plutokraten« (65), bis in die Gegenwart, Einfluss auf demokratische Wahlen zu nehmen.

Konrad, der Verblendete

Der Höhepunkt der Verblendung ist erreicht, als er David, den Chat-Partner, als vermeintlichen Juden erschießt, um so den von ihm verehrten »Blutzeugen zu rächen« (195). Dies sei ihm »heilige Pflicht« (195) gewesen.

Ob die Tatsache, dass er das in der Haft mühsam nachgebaute Schiffsmodell der *Gustloff* »mit bloßer Faust« (215) zerschlägt, ein Zeichen der Einsicht und Umkehr ist, ist schwer zu glauben, aber kaum zu entscheiden.

7. Autor und Zeit

Seit der Verleihung des Literatur-Nobelpreises im Dezember 1999 gilt erst recht, dass Günter Grass der bedeutendste Repräsentant der deutschsprachigen Literatur in der zweiten Hälfte des 20. bis über die Grenze zum 21. Jahrhundert ist. Sein Werk ist in viele Sprachen übersetzt. Weltweit sehen Autoren der nachfolgenden Generation in ihm einen literarischen Lehrmeister. Die Zahl der Ehrungen ist kaum zu überblicken. Er selbst versteht sich nicht nur als Schriftsteller, sondern auch als Maler, Grafiker, bildender Künstler, vor allem aber als engagierter Bürger, der sich da einmischt, wo er es für nötig hält. Seine Stimme als »Gewissen der Nation« wird von den einen eingefordert, von anderen gefürchtet, von allen zur Kenntnis genommen. Er engagiert sich da, wo die Menschenrechte bedroht sind, wo die Demokratie gestärkt werden kann, wo der Friede gefährdet ist und wo begangene Schuld geleugnet wird.

Repräsentant der deutschsprachigen Literatur der Gegenwart

Günter Grass wurde am 16. Oktober 1927 im Danziger Vorort Langfuhr in eine kleinbürgerliche Familie geboren. Die Eltern hatten einen kleinen Kolonialwarenladen; der Vater, protestantisch, entstammte einer alteingesessenen Handwerkerfamilie; die Mutter, katholisch, war kaschubischer Herkunft und hatte die meisten Verwandten noch auf dem Land. Seit dem Versailler Vertrag gehörte die Stadt Danzig nicht mehr zum Deutschen Reich, war vielmehr Freistaat und weitgehend eingeschlossen von der Republik

Herkommen und Kindheit

Polen. Grass und seine Eltern waren deutschorientierte Freistaatler, die Verwandten der Mutter Polen. Grass erlebte die konfessionelle wie auch die nationale Spaltung am eigenen Leib. Er wurde katholisch getauft und »lässig« katholisch erzogen, aber doch so, dass er sich in allen Ritualen der katholischen Kirche bis heute auskennt.

Erfahrungen mit dem Nationalsozialismus

Im Freistaat Danzig und in der eigenen Familie erlebte er, wie der Ruf »Heim ins Reich« immer lauter zu hören war und von den Nationalsozialisten ausgenutzt wurde. Vater Grass trat 1936 als »der typische deutsche Mitläufer«[35] in die NSDAP ein, die 1933 bereits über die absolute Mehrheit im »Danziger Volkstag« verfügte. Grass gibt ehrlich und in großer Offenheit zu: »... ich bin, wie die meisten, in Danzig ins Jungvolk eingetreten. Das hatte einen ungeheuren Reiz ...«[36] Später, in den letzten Kriegsjahren, kam er zum Reichsarbeitsdienst, wurde Flakhelfer und zur Wehrmacht eingezogen, als er noch keine 17 Jahre alt war.

Kriegsende und »Umerziehung«

Am Ende des Krieges kommt er in amerikanische Gefangenschaft und wird im Rahmen der »Umerziehung« durch das Konzentrationslager Stutthof geführt. Hier und später beim Verfolgen der Nürnberger Prozesse erfährt er, welche Gräueltaten von den Nationalsozialisten begangen wurden: »Als Neunzehnjähriger begann ich zu ahnen, welch eine Schuld unser Volk wissend und unwissend aufgehäuft hatte, welche Last und Verantwortung meine und die folgende Generation zu tragen haben würde.«[37]

Es dürfte nicht zu viel gesagt sein, dass mit diesem Eingeständnis der Schlüssel für das Werk des Autors gegeben ist, dass aus dieser Einsicht die vielfältigen Engagements des Literaten abzuleiten sind.

Günter Grass

picture-alliance / ZB

Nachkriegszeit

Nach der Entlassung aus der Kriegsgefangenschaft schlägt sich Grass mit Gelegenheitsarbeiten durch, bis er erfährt, dass seine Eltern aus Danzig abgeschoben und notdürftige Unterkunft in Niederaußem, im Rheinland, gefunden haben. An der Zukunftsplanung entzündet sich der Streit. Vater Grass will seinen Sohn als Bürolehrling unterbringen, der aber besteht darauf: »Ich werde Bildhauer!«[38] und geht nach Düsseldorf.

Grass folgt damit einem Impuls, den er in seiner früheren Danziger Jugend erhalten hat, auch wenn die Startmöglichkeiten in Düsseldorf äußerst schlecht sind. Die Kunstakademie ist noch geschlossen, und Grass nimmt eine Praktikantenstelle als Steinmetz und Steinbildhauer an.

In Düsseldorf holt Grass nach, was er durch den Krieg versäumt hat: Er liest, was ihm in die Finger kommt; er zeichnet, wo sich eine Gelegenheit bietet; 1948 wird er in die Kunstakademie aufgenommen; als Student besucht er Kinos, Theater, Kunstausstellungen. Von Düsseldorf aus unternimmt er Autostopp-Reisen nach Italien und Frankreich. Trotz allem drängt es ihn Ende 1952 weg, Anfang 1953 wechselt er nach Berlin.

Fasst man die Düsseldorfer Zeit als »Inkubationszeit«[39], so kann man die erste Berlin-Phase mit dem Erscheinen des Debüt-Gedichtbandes und den frühen Stücken *Beritten hin und zurück*, *Noch zehn Minuten bis Buffalo* als Experimentierphase charakterisieren, der dann der endgültige Durchbruch folgt, als Grass mit seiner Frau Anna »Anfang 1956 nach Paris« geht – mit dem Vorsatz, »ein dickes Buch [zu] schreiben«.[40]

Die Blechtrommel

Grass hat erzählt und beschrieben, unter welchen Bedingungen *Die Blechtrommel* in Paris entstand, wie er mit dieser Arbeit vor seinen Schweizer Schwiegereltern bestehen wollte, wie er Zuspruch von befreundeten Schriftstellern suchte, wie er zwar auch die Erinnerung an das verlorene Danzig stärken, jedoch vor allem zeigen wollte, welcher Verbrechen sich die Deutschen insgesamt schuldig gemacht hatten und »daß alles am hellichten Tag geschehen ist«[41].

Die »Danziger Trilogie«

Dieser Roman, der von den einen mit Jubelrufen begrüßt, von anderen mit Entsetzensschreien verdammt wurde, begründet den Ruhm des Schriftstellers Grass. Zusammen mit der Novelle *Katz und Maus* und mit dem Roman *Hundejahre* empfiehlt er sich als Teil der »Danziger Trilogie«, an die sich seit neuestem die Novelle *Im Krebsgang* anschließen lässt, da in ihr fortgeführt wird, was in den drei frühen Werken angelegt ist.

Grass als Wahlhelfer

Vor allen politischen Bemühungen, die Grass auf sich nahm, sind die des Es-Pe-De-Trommlers die bekanntesten und am meisten diskutierten. Schon 1961 bietet er Willy Brandt, dem damaligen Berliner Oberbürgermeister, Formulierungshilfe an, als dieser von Bundeskanzler Adenauer im Wahlkampf diffamiert wird. Später – in den Wahlkämpfen 1965, 1969 und 1972 – tritt er selbst als Wahlredner auf – »allein und ohne Absprache mit der Partei«[42]. Er setzt sich als Bürger für die SPD ein, wie diese sich seit dem Godesberger Programm 1959 als Volkspartei versteht und weil er ihr die Reformen zutraut, die seiner Meinung nach zur Überwindung der restaurativen Politik der regierenden Parteien und deren Kanzler Adenauer, Erhard und Kiesinger notwendig sind. Um Reformen geht es ihm, nicht um Revolution. Damit gerät er später in Gegensatz zu den radikalen Studentengruppen, die kubanische und vietnamesische Revolutionäre unterstützen zu müssen glauben. Sein Programm – wenn es denn ein solches ist – veranschaulicht er im Bild der Schnecke. Unter dem Titel *Aus dem Tagebuch einer Schnecke* fasst er seine Erfahrungen aus dem Wahlkampf 1972 zusammen, reflektiert aber zugleich allgemein über Bedingungen und Möglichkeiten einer Politik im Interesse der Bürger. Dort stellt er gleich zu Beginn die These auf: »Die Schnecke, das ist der Fortschritt.«[43]

Der bildende Künstler

Als Bildhauer hat Grass seine künstlerische Laufbahn 1947 in Düsseldorf begonnen und in Berlin fortgesetzt. Schreiben war Nebenbeschäftigung, bis er sich voll und ganz dem Konzept der »Danziger Trilogie« widmete. In Zeiten des direkten politischen Engagements im Wahlkampf war wohl auch das Zeichnen zu kurz gekommen. Erst nach 1972 kehrt er »konzeptionell und programmatisch zur bildenden Kunst, zum Zeichnen und Radieren, später auch zum Lithographieren zurück«.[44] Gestalten wie den Butt und die Rättin vergegenwärtigt Grass sich und dem Publikum zugleich in bildlicher wie in sprachlicher Darstellung. Zeichnen dient diesem Schriftsteller »als Katalysator: Es filtert, klärt, konkretisiert«.[45] Zugleich schafft es Verbindung »zur sichtbaren Wirklichkeit, zwingt zur Konzentration auf Sichtbares, auf die Gegenstände«.[46] Zeichnen ist für ihn eine andere Möglichkeit, um Dinge zu erfahren und zu verstehen. Der Frage, ob er nun Schriftsteller oder Graphiker sei, steht Grass in gutem Sinne verständnislos gegenüber. In der Einführung zu dem Bildband *In Kupfer, auf Stein* erläutert er: »Ich zeichne immer, auch wenn ich nicht zeichne, weil ich gerade schreibe oder konzentriert nichts tue. Und auch beim Zeichnen schreiben sich Sätze fort, die angefangen auf anderem Papier stehen.«[47] Auch seine Lyrik steht in Wechselbeziehung zu seinem graphischen Werk: »Oft sind die Graphiken gezeichnete Gedichte; und viele Gedichte umschreiben Konturen, stufen Grautöne ab.«[48]

Einordnung der Novelle in das Gesamtwerk und in die literarische Situation der Zeit

Die Novelle *Im Krebsgang* setzt in mehrfacher Weise fort, was in früheren Werken des Autors angelegt war. So ist der Lebensweg der Hauptperson, Tulla Pokriefke, bis zum siebzehnten Lebensjahr aus der »Danziger Trilogie« bekannt und wird nun bis ins siebzigste Lebensjahr weitergeführt. Wenn Tulla von »früher« erzählt, so vergegenwärtigt sie noch einmal Personen und Schauplätze, die der Leser aus der Trilogie kennt. Ihr Sohn Paul lebt in Berlin, also an Schauplätzen von *örtlich betäubt* und *Ein weites Feld*. Einzelne Straßennamen kennt man auch aus der Biographie des Autors.

Bezug zur »Danziger Trilogie«

Im weitesten Sinne sind Nazi-Diktatur und Weltkrieg Thema auch der Novelle *Im Krebsgang*. Wenn der Blick nun auch mehr auf die Opfer der Katastrophe gerichtet wird, so wird doch eindringlich betont, dass die Täter, die zuerst schuldig wurden, Nationalsozialisten waren und dass deren Vergehen mit dem Tag der »Machtergreifung« begann. Diese Grundthese, die in anderem Zusammenhang von dem damaligen Bundespräsidenten Richard von Weizsäcker in seiner Rede zum vierzigsten Jahrestag der deutschen Kapitulation am 8. Mai 1985 erläutert wurde, ist von dem Autor der *Blechtrommel* immer vertreten und verfochten worden.

In der Erzählform knüpft Grass an die seinerzeit umstrittene Novelle *Katz und Maus* an. Auch dieser Text wurde dahingehend geprüft, ob die Klassifikation berechtigt sei, und auch da lautete der Schluss, dass die »Grass-Novelle eher als eine weiterentwickelte denn eine misslungene Novelle gelten muss«[49]. Dies gilt mit Sicherheit auch für den neueren Text. *Katz und Maus* bietet sich auch insofern als Vergleichspunkt an, als hier wie dort Haltungen und Handlungen von Heranwachsenden thematisiert werden. Dass im Titel der neuesten Novelle wieder ein Tier als Leitmotiv angeboten wird, ist für Grass nicht ungewöhnlich.

Die Novellenform

Günter Grass ist ein Autor der Nachkriegszeit. Dass nach dem Ende der Nazi-Diktatur und nach der deutschen Kapitulation eine radikale Besinnung und eine grundsätzliche Neuorientierung notwendig war, verstand sich 1945 von selbst. Ein Impuls ging von der in München herausgebrachten Kulturzeitschrift *Der Ruf* aus. Die Herausgeber Alfred Andersch und Hans Werner Richter entwickelten seit 1946 ein Programm der radikalen Erneuerung der Literatur und des politisch-gesellschaftlichen Lebens. Als die amerikanische Militärregierung »diese für ihre Interessenlage zu kritische Art der ›Umerziehung‹ unterband«[50], verließen die Herausgeber die Zeitschrift.

Auf die Einladung von Hans Werner Richter hin trafen sich am 8./9. September 1947 junge Autoren und Autorinnen in Herrlingen bei Ulm, lasen aus unveröffentlichten Arbeiten vor und diskutierten über literarische Texte und die Situation des literarischen Lebens. Damit war der Anfang der »Gruppe 47« gemacht. Diese Gruppe bestimmte »bis weit in die 60er Jahre das Bild der bundesrepublikanischen Literatur«[51]. Auf den etwa 30 Tagungen lasen mehr als 200

Schriftsteller. Mit dem »Preis der Gruppe 47« wurden unter anderem ausgezeichnet: Heinrich Böll, Martin Walser und Günter Grass. Der Weg zum Erfolg war für Grass geebnet, als er für seine Lesung aus dem Manuskript der *Blechtrommel* den Preis der Gruppe erhielt. Der »Gruppe 47« hat er mit seiner Erzählung *Das Treffen in Telgte* (1979) ein Denkmal gesetzt; Hans Werner Richter hat er voller Dankbarkeit als Ziehvater gewürdigt.

Werke des Autors

Lyrik

Erste Aufmerksamkeit erregte Grass durch die Veröffentlichung einiger lyrischer Texte. Später folgten thematisch orientierte Sammelbände.

»Lilien aus Schlaf«. Gedicht. In: *Akzente. Zeitschrift für Dichtung* 2 (1955) Nr. 3. (Erste Veröffentlichung überhaupt.)

Die Vorzüge der Windhühner. Gedichte und Grafiken. Berlin 1956.

O Susanna. Ein Jazzbilderbuch. Deutsche Texte: Günter Grass. Köln/Berlin 1959.

Gleisdreieck. Gedichte mit Zeichnungen des Verfassers. Berlin 1960.

Ausgefragt. Gedichte und Zeichnungen. Neuwied/Berlin 1967.

Gesammelte Gedichte. Darmstadt 1971.

Mariazuehren. Gedicht. Mit Photographien von Maria Rama. München 1973.

Liebe geprüft. Gedichte. Bremen 1974.

»Ach Butt, dein Märchen geht böse aus«. Gedichte und Radierungen. Darmstadt/Neuwied 1983.
Novemberland. Gedichte. Göttingen 1993.
Eine Auswahl aus den ersten Gedichtbänden: Günter Grass: Gedichte. Stuttgart 1985. (Reclams UB. 8060.)

Epik

Das Hauptinteresse – weltweit – gilt den Romanen und Erzählungen des Autors.

»Danziger Trilogie«

Die Blechtrommel. Roman. Neuwied/Berlin 1959.
Der 30jährige Oskar Matzerath, der durch einen absichtlich herbeigeführten Unfall klein geblieben ist, entschließt sich, den Aufenthalt in einer Heil- und Pflegeanstalt zu nutzen, um seine Lebensgeschichte und die seiner Familie aufzuschreiben. Er beginnt bei der mutmaßlichen Zeugung seiner Mutter auf einem ostpreußischen Kartoffelacker im Jahr 1899 durch den Brandstifter Koljaicek. Oskar selbst wurde 1924 als Sohn des Kolonialwarenhändlers Alfred Matzerath oder seines Onkels Jan Bronski in einem Vorort von Danzig geboren und erlebt das Erstarken des Nationalsozialismus, die Machtergreifung und den Zweiten Weltkrieg. Nach 1945 kommt er nach Düsseldorf und nimmt regen Anteil an der Nachkriegs-Kulturszene.

Katz und Maus. Eine Novelle. Neuwied/Berlin 1961.
Ungefähr 15 Jahre nach Kriegsende versucht der Ich-Erzähler Pilenz sich selbst Rechenschaft über sein Verhalten während des Zweiten Weltkriegs zu geben: »Was mit Katz und Maus begann, quält mich noch heute.« Damals hat er

eine Katze auf den überdimensionalen Adamsapfel seines frühreifen Mitschülers Joachim Mahlke gesetzt, ohne die Folgen zu bedenken. Um sich vor weiterem Spott zu schützen, suchte Mahlke Möglichkeiten zu renommieren. Doch er gewinnt nicht die Achtung, die er erwartet. Am Ende desertiert er aus der Wehrmacht und kommt dabei – vermutlich – um.

Hundejahre. Roman. Neuwied/Berlin 1963.
Drei verschiedene Erzähler berichten von der Kriegs- und Nachkriegszeit. Eduard Amsel schreibt das erste, in »Frühschichten« unterteilte Buch, das bis zum Krieg reicht. Harry Liebenau ist für das zweite Buch zuständig, das in der Form von Liebesbriefen, die an Tulla Pokriefke gerichtet sind, die Lebensverhältnisse während des Krieges schildert. Das dritte, in »Materniaden« unterteilte Buch stammt von Walter Matern, einem gleichaltrigen Blutsbruder von Eduard Amsel. Matern berichtet, wie er im Nachkriegsdeutschland als »Anti-Nazi« ehemalige Nationalsozialisten dadurch entnazifiziert, dass er ihre Frauen und Töchter verführt und mit seinem Tripper ansteckt.

örtlich betäubt. Roman. Neuwied/Berlin 1969.
Während der Schüler- und Studentenproteste im Berlin des Jahres 1967 unterzieht sich Studienrat Starusch, Lehrer für Deutsch und Geschichte, einer langwierigen zahnärztlichen Behandlung. Während der Behandlung und in den Zwischenzeiten reflektiert er seine eigene Biographie und seine Möglichkeiten als Lehrer, in einer kritischen Zeit Orientierung zu finden und zu geben.

Aus dem Tagebuch einer Schnecke. Roman. Neuwied/Darmstadt 1972.

Der Butt. Roman Neuwied/Darmstadt 1977.

Das Treffen in Telgte. Erzählung. Darmstadt/Neuwied 1979.

Die Erzählung, die dem Koordinator der »Gruppe 47«, Hans Werner Richter gewidmet ist, versetzt die Leser in die Schlussphase des Dreißigjährigen Kriegs. In Telgte, einem Ort, der zwischen den politisch und diplomatisch wichtigen Städten Münster und Osnabrück liegt, haben sich die bedeutendsten Autoren der Zeit versammelt – u. a. Simon Dach, Grimmelshausen, Friedrich von Logau, Paul Gerhardt – und tragen ihre literarischen Streitigkeiten aus. Große Mühe geben sie sich mit einem »Friedensaufruf der deutschen Poeten«, der allerdings ein Opfer der Flammen wird, ehe er die Öffentlichkeit erreicht.

Die »Gruppe 47«

Kopfgeburten oder Die Deutschen sterben aus. Darmstadt/Neuwied 1980.

Die Rättin. Roman. Darmstadt/Neuwied 1986.

Unkenrufe. Erzählung. Göttingen 1992.

Ein weites Feld. Roman. Göttingen. 1995.

Mein Jahrhundert. Göttingen 1999.

Im Krebsgang. Göttingen 2002.

8. Rezeption

Im Februar 2002 brachte der Steidl-Verlag in Göttingen die Erstauflage der Novelle heraus. Innerhalb von einer Woche waren 250 000 Exemplare verkauft oder vom Buchhandel geordert. Gleichzeitig wurden Übersetzungen in zehn Sprachen vereinbart. Über eine Verfilmung wird verhandelt.

Während die vorangegangenen Werke des Autors wie *Ein weites Feld* und *Mein Jahrhundert* mit deutlicher Kritik aufgenommen worden waren, überhäuften die ersten Ankündigungen und Rezensionen den Verfasser der Novelle *Im Krebsgang* mit Lob. »Ja, ja, dreimal Ja – Günter Grass ist mit diesem schmalen Werk ein großer Wurf gelungen«, urteilt Harald Asel am 5. Februar 2002 im Hauptstadtradio von SFB und ORB[52]. Der Tenor ist in fast allen Rezensionen gleich. Häufig wird darauf hingewiesen, dass der Autor mit diesem Werk thematisch an die »Danziger Trilogie« anknüpfte und sein *Krebsgang* einen Vergleich mit *Katz und Maus*, der erfolgreichen Novelle aus dem Jahr 1961, nicht zu fürchten brauche.

»dreimal Ja«

Kritisch wird von Anfang an mit dem indirekt erhobenen Anspruch des Buches, seines Erzählers und seines Autors umgegangen, dass hier zwar spät, aber doch erstmalig »dem Elend der ostpreußischen Flüchtlinge Ausdruck« (99) gegeben werde. Mit der Aufzählung von Veröffentlichungen von Siegfried Lenz, Alexander Kluge, Walter Kempowski und W. G. Sebald wird der Gegenbeweis geführt. Doch wird zugleich eingeräumt, dass keiner der genannten Autoren breitere Aufmerksamkeit gefunden hat.

»erst jetzt«?

Ein verzweigter kritischer Diskurs wird darüber geführt, ob der Text eher mit literarischen oder mit politischen Maßstäben zu messen sei. »Die Versuchung ist groß«, schreibt Andreas Pecht in der *Rhein-Zeitung*,[53] »zwei getrennte Urteile über *Im Krebsgang* abzugeben: ein politisches und ein literarisches. Ersteres würde enthusiastisch ein […] wunderbar formuliertes Sachbuch feiern […]. Literarisch aber würden wir […] das dokumentarische und pädagogische Übergewicht des Werkes bemängeln.« Vorgeschlagen wird, das Buch als »Dokumentar-Novelle«[54] zu bezeichnen. Eine vergleichbare Einschätzung liegt von Sandra Leis vor: »Grass zeigt sich in dieser Novelle entschieden stärker als Homo politicus denn als Homo poeticus.«[55] Von solcher Trennung will Marius Meller nichts wissen. Er meint: »Es lohnt sich nicht, Günter Grass zu lesen, wenn man grundsätzlich etwas gegen moralische Literatur hat. Grass ist nun einmal durch und durch Moralist und wird das auch bleiben […]. Aber: Warum keine moralischen Geschichten, wenn sie nur gut sind?«[56]

Sachbuch oder poetisches Werk?

Dass das neueste Werk von Günter Grass mit Beifall aufgenommen wird, ist auch für Ulrich Raulff von der *Süddeutschen Zeitung* keine Frage. Er urteilt: »Der Beifall gilt dem Tabubrecher […]. Man wird ihm auf die Schulter klopfen. Recht geschieht es ihm. Nur mit Literatur hat das nichts mehr zu tun.«[57]

Das überaus harte Urteil wird kaum begründet. Wer die These widerlegen oder auch bestätigen will, wird zuerst einmal darlegen müssen, wie er den Begriff »Literatur« definieren möchte.

Einzig Dirk Knipphals von der *taz*, jener Zeitung, bei der der fiktive Paul Pokriefke angeblich eine Zeit lang beschäftigt war, formuliert – trotz märchenhafter Verkaufszahlen und trotz Jubel und Trubel um den neuen Günter Grass – Einwände, die zur Stellungnahme herausfordern. Seine Thesen lauten:

Aufforderungen zu Diskurs

»Dies ist zum einen ein literarisch tapeziertes historisches Feature um die Versenkung eines Schiffes [...].

Zum andern ist es ein oberflächliches Traktat darüber, wie die NS-Ideologie immer wieder an die gesellschaftliche Oberfläche kommt.

Zum dritten ist es eine seltsam verrutschte, immer nur wieder angerissene und im Ganzen erzählerisch versenkte Familiengeschichte.«[58]

Eine wissenschaftliche Erörterung steht – zwei Jahre nach der Erstveröffentlichung des Textes – noch aus.

9. Checkliste

1. Welche Ereignisse hebt der Text für den 30. Januar 1895, den 30. Januar 1933, den 30. Januar 1945 und den 30. Januar 1995 hervor?
   Was veranlasst den Erzähler, »das verdammte Datum« (116) zu verfluchen?

2. Stellen Sie die Geschichte des Motorschiffs *Wilhelm Gustloff* in Grundzügen dar.
   – Auf wessen Veranlassung wird es gebaut?
   – Welchen Zweck soll es erfüllen?
   – Wer tauft es?
   – Welche Fahrten unternimmt es?
   – Welche der ursprünglichen Intention entgegengesetzten Funktionen übernimmt es im Laufe der Zeit?
   – In welcher Funktion ist es am 30. Januar 1945 unterwegs? Was führt zum Untergang der *Gustloff*?
   – Wer trägt die Schuld für »das tausendmalige Sterben im Schiffsbauch und in der eisigen See«?
   – Welche Thesen und Argumente werden zur Diskussion gestellt?

3. Was ist gemeint, wenn man erklärt, dass man in dem Schiff eine Metapher und in der Geschichte des Schiffs eine Allegorie sehen könnte?
   – Erklären Sie die Begriffe »Metapher« und »Allegorie«.
   – Was an der Geschichte der *Gustloff* ist »bildhaft« zu verstehen, was könnte »gemeint« sein?

4. Der Autor kündigt seinen Text als »Novelle« an.
   – Erläutern Sie kurz, was Sie unter einer Novelle verstehen, und nennen Sie Novellen, die Sie gelesen haben.

- Was spricht dafür, was spricht dagegen, dass es sich bei dem Text *Im Krebsgang* um eine Novelle handelt?
- Was veranlasst den »Alten« zu dem Urteil, der »Bericht habe das Zeug zur Novelle« (123); und wie erklären Sie die Bemerkung des Erzählers, dass ihn eine solche »Einschätzung [...] nicht kümmern kann« (123)?
- Erörtern Sie: Ist *Im Krebsgang* eher »Bericht« oder eher »Novelle«?

5. Welche Rolle in Bezug auf die *Gustloff* spielen
- Wilhelm Gustloff,
- David Frankfurter,
- Alexander Marinesko?

6. Erklären Sie das Rollenspiel, das Konrad Pokriefke und Wolfgang Stremplin unter den Namen »Wilhelm« und »David« durchführen.
- Welche Themen behandeln sie? Welche Wertungen legen sie vor?
- Inwiefern ist es nahe liegend, in »Wilhelm« und »David« typisierende Namen zu sehen?

7. Welche Standpunkte nehmen die Personen ein, die bemüht sind, die Geschichte der *Gustloff* in Erinnerung zu halten und aufzuschreiben? Welche Intention verfolgen
- Tulla Pokriefke,
- Paul Pokriefke,
- Konrad Pokriefke,
- Wolfgang Stremplin,
- der »Alte«,
- Heinz Schön?

Erklären Sie die Standpunkte und die angelegten Perspektiven aus den Lebensgeschichten der Personen.
- Inwiefern steht Paul Pokriefke, der Erzähler, vor be-

sonders großen Schwierigkeiten zu erzählen, obwohl er als Journalist zum Schreiben ausgebildet ist?

- Entleihen Sie sich aus einer öffentlichen Bibliothek das Buch von Heinz Schön und entwickeln Sie ein Konzept, wie die Werke von Schön und Grass verglichen werden können.

8. Nicht nur der Wortstreit zwischen »Wilhelm« und »David« macht deutlich, dass politisches Handeln und politische Auseinandersetzung zu einem großen Teil Streit um Worte und Bewertungen ist. Besonderes Augenmerk verdient der Sprachgebrauch in diktatorisch regierten Systemen.
   - Erläutern Sie die folgenden politischen Leitwörter der NS-Sprache und erklären Sie die Staatskonzeption, die in ihnen zum Ausdruck kommt:
     »Führer und Reichskanzler«, »Vorsehung«, »Reich«, »Blutzeuge«, »Volksgemeinschaft«, »Auslandsdeutsche«, »Reichsdeutsche«.
   - Welche Tendenzen erkennen Sie in folgenden Bezeichnungen:
     »der Russki«, »der Iwan«, »Polacken«, »Itzig«, »Judenschwein«, »Weltjudentum«?
   - Was wird in folgenden Aussagen verschleiert:
     »Die Lösung der Judenfrage [ist] unaufschiebbar«?

9. Inwiefern kann die Novelle *Im Krebsgang* als Bestätigung für die Aussage von Literaturwissenschaftlern herangezogen werden, das literarische Werk des Günter Grass lasse sich als Ausdruck seiner Überzeugung erklären, dass das deutsche Volk sich »eine Schuld [...] wissend und unwissend angehäuft« hat, welche »die folgende Generation zu tragen haben würde« (s. o. S. 74)?

10. Lektüretipps/Filmempfehlungen

Textausgaben

Günter Grass: Im Krebsgang. Eine Novelle. Göttingen: Steidl, 2002.
– Im Krebsgang. Eine Novelle. München: Deutscher Taschenbuch Verlag, 2004. [Seitengleiche Ausg.]
Die mehrfach erwähnte »Danziger Trilogie«, bestehend aus den Teilen *Die Blechtrommel, Katz und Maus* und *Hundejahre,* ist in mehreren Sonderausgaben zu haben.

Zwei Gesamtausgaben der Werke von Günter Grass liegen vor:
Werkausgabe in 10 Bänden. Hrsg. von Volker Neuhaus. Darmstadt/Neuwied: Luchterhand, 1987.
Werkausgabe in 16 Bänden. Hrsg. von Volker Neuhaus und Daniela Hermes. 16 Bände und 22 CDs. Göttingen: Steidl, 1997.

Zur Biographie des Autors

Brode, Hanspeter: Günter Grass. München 1979. (Autorenbuch 17.)
Jürgs, Michael: Bürger Grass. München 2002.
Mayer-Iswandy, Claudia: Günter Grass. München 2002.
Neuhaus, Volker: Schreiben gegen die verstreichende Zeit. Zu Leben und Werk von Günter Grass. München 1997.
Pelster, Theodor: Literaturwissen: Günter Grass. Stuttgart 1999. (Reclams Universal-Bibliothek. 15220.)

Vormweg, Heinrich: Günter Grass in Selbstzeugnissen und Bilddokumenten. 3., erg. und aktual. Aufl. Reinbek bei Hamburg 1996.

Zu *Im Krebsgang*

Über Hintergründe der *Gustloff*-Katastrophe berichten:

Aust, Stefan / Stephan Burgdorff (Hrsg.): Die Flucht. Über die Vertreibung der Deutschen aus dem Osten. Stuttgart/München 2002.

Schön, Heinz: Die »Gustloff«-Katastrophe. Bericht eines Überlebenden über die größte Schiffskatastrophe im Zweiten Weltkrieg. Stuttgart: Motorbuch Verlag 1984.

Das Fernsehen brachte eine Dokumentation, die mehrfach, u. a. am 30. Januar 2003 wiederholt wurde.

Die Verfilmung des Ereignisses, das in der Novelle behandelt wird, ist als Video zu beziehen:

»Nacht fiel über Gotenhafen«. Regie: Frank Wisbar. Drehbuch: Frank Wisbar, Victor Schuller. BRD 1959.

Anmerkungen

1 Heinz Schön, *Die »Gustloff«-Katastrophe. Bericht eines Überlebenden über die größte Schiffskatastrophe im Zweiten Weltkrieg*, Stuttgart 1984, S. 2.
2 Ebenda, S. 3.
3 *Geschichte und Geschehen II*, Ausgabe A/B, hrsg. von Ludwig Bernlochner, Stuttgart/Düsseldorf/Leipzig 1997, S. 316.
4 Rolf Grix / Wilhelm Knöll, *Die Rede zum 8. Mai 1945. Texte zum Erinnern, Verstehen und Weiterdenken*, Oldenburg 1987, S. 27.
5 August W. Schlegel. Zitiert nach: Josef Kunz, »Die Novelle«, in: Otto Knörrich, *Formen der Literatur*, Stuttgart 1981, S. 261.
6 Stefan Aust / Stephan Burgdorff, *Die Flucht*, Stuttgart/München 2002, S. 47.
7 Schön (Anm. 1), S. 16.
8 Ebenda.
9 Schön (Anm. 1), S. 17.
10 Schön (Anm. 1), S. 16.
11 Schön (Anm. 1), S. 13.
12 Schön (Anm. 1), S. 22.
13 Schön (Anm. 1), S. 413.
14 Günter Grass, *Katz und Maus*, Reinbek bei Hamburg 1963 (rororo Taschenbuch), S. 30.
15 Ebenda.
16 Grass (Anm. 14), S. 31.
17 Günter Grass, *Hundejahre*, Reinbek bei Hamburg 1968 (rororo Taschenbuch), S. 102.
18 Grass (Anm. 17), S. 108.
19 Ebenda.
20 Grass (Anm. 17), S. 113.
21 Grass (Anm. 17), S. 112.
22 Ebenda.
23 Grass (Anm. 17), S. 113.
24 Grass (Anm. 17), S. 259.
25 Grass (Anm. 17), S. 284.
26 Grass (Anm. 17), S. 286.
27 Grass (Anm. 17), S. 316.

28 Günter Grass, *Die Rättin*, Darmstadt und Neuwied 1986, S. 93.
29 Die Entwürfe und Korrekturfassungen zu der Novelle *Im Krebsgang* sind in einem nicht publizierten Sammelband *Atelier und Schreibwerkstatt* im Grass-Museum in Lübeck in der Glockengießergasse 21 einzusehen.
30 Ebel in: *Baseler Zeitung,* 8.2.02.
31 *Schüler-Duden, Die Literatur. Ein Sachlexikon für die Schule*, Mannheim/Wien/Zürich 1989, S. 302.
32 *Schüler-Duden* (Anm. 31), S. 303.
33 Johann Wolfgang Goethe, *Gedenkausgabe der Werke, Briefe und Gespräche*, Bd. 24, hrsg. von Ernst Beutler, Zürich 1949, S. 225.
34 *Reden des Führers. Politik und Propaganda Adolf Hitlers 1922–1945*, hrsg. von Erhard Klöss, München 1967, S. 318.
35 Heinrich Vormweg, *Günter Grass mit Selbstzeugnissen und Bilddokumenten*, 3., erg. und aktual. Aufl., Reinbek bei Hamburg 1996 (rowohlts monographien, 359), S. 23.
36 Ebenda, S. 23.
37 Volker Neuhaus, *Schreiben gegen die verstreichende Zeit. Zu Leben und Werk von Günter Grass*, München 1997, S. 11.
38 Vormweg (Anm. 35), S. 29.
39 Vormweg (Anm. 35), S. 39.
40 Vormweg (Anm. 35), S. 41.
41 Vormweg (Anm. 35), S. 45.
42 Neuhaus (Anm. 37), S. 37.
43 Günter Grass, *Aus dem Tagebuch einer Schnecke*, Darmstadt/Neuwied 1972, S. 9.
44 Neuhaus (Anm. 37), S. 133.
45 Jens Christian Jensen, »Günter Grass als Bildkünstler«, in: *Text + Kritik. Zeitschrift für Literatur*, hrsg. von Heinz Ludwig Arnold, Heft 1: Günter Grass, 6. Auflage: Neufassung 1988, S. 72.
46 Ebenda, S. 60.
47 Angelika Hille-Sandvoß, *Günter Grass, In Kupfer, auf Stein*, Göttingen 1986, S. 7.
48 Ebenda, S. 7.
49 Wolfgang Spreckelsen, *Lektüreschlüssel, Günter Grass, »Katz und Maus«*, Stuttgart 2001, S. 65.
50 *Harenbergs Lexikon der Weltliteratur*, Bd. 2, Dortmund 1989, S. 1206.

51 Ebenda.
52 Asel in SFB.
53 *Rhein-Zeitung*, 7.2.02.
54 Ebenda.
55 Leis in *Der Bund*, 7.2.02.
56 *Frankfurter Rundschau*, 9.2.02.
57 *Süddeutsche Zeitung*, 5.2.02.
58 *taz*, 20.2.02.

Raum für Notizen